企业法律实务操作指南

邢娜 李闯 著

吉林大学出版社
·长春·

图书在版编目（CIP）数据

企业法律实务操作指南 / 邢娜，李闯著 .— 长春：
吉林大学出版社，2022.10
ISBN 978-7-5768-1299-2

Ⅰ. ①企… Ⅱ. ①邢… ②李… Ⅲ. ①企业法 - 中国
- 指南 Ⅳ. ①D922.291.91-62

中国版本图书馆 CIP 数据核字（2022）第 242183 号

书　　名　企业法律实务操作指南
　　　　　QIYE FALÜ SHIWU CAOZUO ZHINAN

作　　者：邢娜 李闯
策划编辑：矫正
责任编辑：矫正
责任校对：王寒冰
装帧设计：久利图文
出版发行：吉林大学出版社
社　　址：长春市人民大街 4059 号
邮政编码：130021
发行电话：0431-89580028/29/21
网　　址：http://www.jlup.com.cn
电子邮箱：jldxcbs@sina.com
印　　刷：天津和萱印刷有限公司
开　　本：787mm × 1092mm　1/16
印　　张：14.25
字　　数：200 千字
版　　次：2023年5月　第1版
印　　次：2023年5月　第1次
书　　号：ISBN 978-7-5768-1299-2
定　　价：68.00 元

前　言

企业是国民经济的基础。随着市场经济的发展，企业经济活动多元化已成常态，企业之间的竞争不断加剧。企业要在竞争中独占鳌头，迅速做大、做强、做优，就必须严格按照市场规则参与竞争，科学决策、依法经营。可以说，企业从成立到员工的招聘、业务的开拓，从合法权益受到非法侵害时权利的主张到企业的分立、清算、注销等无不与法律息息相关。无论企业聘请社会律师担任常年法律顾问，为企业提供非诉法律服务，还是企业内部配备企业法律顾问和设立法律顾问工作机构，建立和健全以总法律顾问制度为核心的企业法律顾问制度，其目的都是为了保障企业稳健经营，在生产经营中能识别、控制或规避法律风险，实现法律风险事前防范、事中控制、事后补救的全程监控，不断提高企业防范法律风险的能力。

基于此，本书应用法律分析的方法，研究法律法规在企业法务中的应用，以及律师承办企业相关法律业务操作指引，以期在预防与抵抗企业法律风险等方面起到显著的作用，为企业的平稳发展提供保障。

在章节设置上，全书共分十章。第一章以企业的特征与类型为开端，从公司企业法律实务、合伙企业法律实务和个人独资企业法律实务三个方面对企业法律实务进行概述，为全书的研究做理论铺垫；第二章至第十章，分别从公司治理、企业交易合同、企业知识产权、国企改制与产权转让、企业投资并购、企业融资、企业解散、清算与破产、企业的社会责任、企业民商事仲裁法九个方面探讨企业法律实务操作，在法律分析的基础上，适当配以案例实证分析，并辅以律师承办该类业务的操作指引。其目的在于：其一，在企业相关法律专业知识范围内，对有需求的社会主体提供学习指导框架及注意要点，了解实务操作情况，提高学习效率；其二，规范律师执业行为，提升律师执业水平，充分发挥律师在企业法律服务中的作用；其三，提高社会对企业的了解程度，促进保护企业合法权益，助益企业正常、合法运营。

《民法典》自2021年1月1日起实施后，我国婚姻法、继承法、民法通则、收养法、担保法、合同法、物权法、侵权责任法、民法总则等九部法律同时废止。《合同编》的条文数量占《民法典》总条文数量的近一半，规定了买卖、租赁、借款、能源供给、运输、委托、服务等十九类典型合同，足见合同之普遍和重要。因此，本书第三章“企业交易的合同法律实务操作”涉及的相关法律均以《民法典》为准，所引用案例也以《民法典》的规定来解读。

本书成稿于2022年7月，故相关内容皆以该期限之前国家及其他专业机构发布的相关法律、法规、部门规章及规范性文件、行业指引等为依据。该期限之后新颁布的法律法规或行业指引相关规定与本书的内容抵触的，以该等新发布的文件为准。

本书虽然对企业法律实务提供了一定程度的操作指引，对于企业平稳发展和律师执业能力提升有一定的助益，但由于受篇幅和笔者研究水平所限，本书仍有许多不足之处，如律师承办企业相关法律业务操作指引不够详细，法律解读不够深入，未涉及企业法律顾问制度与法律风险防范机制的研究等，笔者将在今后的学习和工作中继续对企业法律实务操作进行研究和关注。

目 录

第一章　企业法律实务操作之公司治理

公司治理已经成为现代企业制度中不可缺少的一环。良好的公司治理可以通过制定科学的制度，进行合理的岗位安排，加强企业经营管理过程的监督，以此解决因企业所有者与管理者之间信息对称而行为不对称导致的不良经营管理行为，从而更好地实现企业价值最大化。

在建设法治社会背景下，法律顾问参与公司治理可以有效地帮助企业规避和防范因经营活动而产生的各类法律风险，维护公司的合法权益，同时可以指导公司运用科学、合法的理念、方式和手段开展业务，构建和谐、稳定的发展环境，从而引导企业走上法治化发展道路，实现可持续发展。

一、公司治理概述

（一）相关概念界定

1. 公司治理的概念与特征

公司治理有狭义和广义两种。狭义的公司治理是股东会、董事会和经理、监事会之间的权力分配及制衡关系；广义的公司治理则包括可能对公司与其所有者关系产生影响的各种制度的总和，如公司外部的监管市场、经理市场、资本市场、产品市场、机构投资者，以及公司内部的股东会、董事会、监事会等。

法人治理结构是公司制的核心，是明确划分股东（大）会、董事会、监事会和经理层之间权利、义务和责任以及明确划分相互制衡关系的一整套制度安排。

（1）公司治理是一种经济关系

公司治理中的出资人、经营者、管理者、监督者之间，均是一种经济关系。

这种经济关系是财产权的直接体现。

（2）权责明确、各司其职

公司各个机构之间权责明确、各司其职。权力机构、决策机构、监督机构和执行机构之间相互制衡、相互协调。

（3）委托代理、纵向授权

公司的首要性质是契约型。公司各层级之间的关系，皆是以一种契约——委托代理的形式来实现的。股东（大）会作为纵向授权的起点，以委托人的身份将财产委托董事会代理，并委托监事会进行监督。董事会作为第二层次的代理者，又将公司财产委托给经理层代理。这样层层委托，权力自上而下分配。

（4）激励与制衡并存

由于代理人可能存在发生的逆向选择和道德风险以及信息的不对称，委托人无法对代理人行为进行现场和事后监督，致使委托人利益蒙受损失。为了尽可能避免损失，委托人有必要建立激励和制衡机制。

2. 公司治理体系包括公司治理结构和公司治理机制

公司治理体系的法律载体是公司内部制度体系，仅对公司自身及公司的内部利益关系人具有约束力，但其功能却是协调公司内外部各利益关系方的权利义务关系。

3. 公司内部治理结构定义

公司内部治理结构（以下简称治理结构）是一种联系并规范股东会、董事会、监事会及高级管理人员权利和义务分配，以及与此有关的聘选、监督等问题的制度框架。简单地说，就是如何在公司内部划分权力。良好的治理结构，可解决公司各方利益分配问题，对公司高效运转、提高竞争力起到决定性的作用。

（二）公司治理的不同模式

不同的社会制度基础决定了不同的公司治理模式。由于世界各国经济发展水平、文化传统、法律制度、政治体制及经济制度的差异，因而演化出多样的产权结构、融资模式、资本市场，进而形成了不同的公司治理模式。概而言之，主要有以下三种模式。

第一种，公司机构由股东会和董事会构成，即所谓的单轨制，如以美英国家公司治理为代表。

第二种，公司机构由股东会、监事会和董事会构成，即所谓的双轨制。如以德国公司治理为代表。

第三种，法律对公司机构的设置要求较为灵活，既可以采取单轨制，也可以采取双轨制，采取何种模式，由公司自己选择，如法国的公司治理。

这里有一点需要注意：公司治理结构的基本模式应当由三个机构构成，即表意机构、执行机构和监督机构。公司机构典型的表现为通常由股东会、董事会和监事会构成。我国采取的正是这种模式。

（三）公司治理的意义

第一，良好的公司治理能够促进公司经营目标的实现。只有具备良好的公司治理结构，才会保证最能实现公司经营目标的人进入董事会、监事会和经营管理层，促进董事、监事、其他高管发挥积极作用，推动公司目标的实现。

第二，良好的公司治理有利于减少公司代理成本，保护股东和利益相关者的利益。公司治理结构所要解决的核心问题是减少因公司所有权与经营权分离而引起的委托代理成本。

第三，良好的公司治理可以对公司大小股东进行一体化保护。良好的公司治理在一定程度上可以有效消除公司资本多数表决原则带来的大股东“欺压”小股东的情形，实现大、小股东的一体化保护。

第四，良好的公司治理是企业成功吸收境内外资本的重要条件。

二、公司章程的实务操作

公司章程是公司最为重要的自治规则，是公司高效、有序运行的重要前提，是维护公司利益，股东利益、债权人利益的自治机制，是规范和约束公司大股东和公司高级管理人员的行为规则。公司章程具有法定性、公开性、自治性的特征。这一方面体现了国家对公司的适度干预，另一方面也体现了国家在公司组织与活动方面淡化国家干预的理念，给公司提供了更为广阔的自治空间。为了使公司章程充分发挥其自治作用，投资者和经营者应树立章程意识，制定适合于本公司的组织和经营特点的公司章程。在公司的治理方面，公司章程关于各个组织机构之间的权限划分应具体明确，尤其是关于董事、监事、高级管理人员的职权、义务与责任的规定既要充分调动其积极性，又要有相应的约束机制，使公司的利益、股东、债权人的利益得到有效保护。同时，公司章程应体现公司的社会责任，这也是公司实现其利益最大化的需要。公司章程与公司法有机结合，才能更有效地规范公司的组织和行为，维护社会经济秩序，促进社会主义市场经济的健康发展。

（一）公司章程概述

1. 公司章程的概念

公司章程是公司法的一项重要内容，学者们对其定义基本达成了一致：即公司章程是规定公司内部关系和活动的基本准则，是公司组织和成员都必须遵守的基本行为规则；从形式上看，则是记载公司组织及行为的基本规则的书面文件。也有学者以概括章程记载内容的方式予以定义：章程是规范公司组织及运作规范，对公司性质、宗旨、经营范围、组织机构、活动方式、权利义务分配等内容进行记载的基本文件。无论采取何种表述方式，学者们普遍认为，公司章程是指公司必备的规定公司组织和活动的基本规则的书面文件，是以书面形式固定下来的全体股东共同一致的意思表示。[①]

英国的公司法称公司章程为宪章（constitution）。大陆法系各国的章程为一份文件，而英美法系包括我国香港特别行政区则为两份文件：美国分为章程（articles of incorporation）和公司细则（bylaws），英国分为章程（memorandum of association）和公司细则（articles of association），其中章程规范公司的对外关系，条款简约，而公司细则规范公司的对内关系，条款甚多。

2. 公司章程的作用

章程对于公司的作用，有如宪法对于国家的作用。具体地说，公司章程的作用主要表现在以下几个方面。

第一，公司章程是公司设立的行为要件。公司的设立是指公司的股东、

① 石少侠. 公司法教程 [M]. 北京：中国政法大学出版社，2002：54.

发起人为了使公司得以成立并取得法人资格，依照法定条件和程序所进行的一系列连续的准备行为。公司的设立行为包括许多方面，如订立发起人协议、订立公司章程、选举董事监事、募集股份、出资、认股、缴纳认股款、召开创立大会、申请设立登记等等。其中，订立公司章程居于设立行为的核心地位。由于公司章程是公司设立的行为要件，因此在任何国家，股东设立公司时必须首先起草并制定公司章程。《日本有限公司法》第五条规定“有限责任公司在成立时必须制定公司章程，”《日本商法》第六十二条、第一百六十五条分别规定了无限公司、股份有限公司的设立必须制定公司章程。美国标准公司法中虽未明确列出公司的设立首先要制定公司章程，但在多处涉及公司章程，分别规定了公司章程的制定、内容、修改、备案等。我国公司法第十一条规定了“设立公司必须依法制定公司章程。”

第二，公司章程是公司实力和信用的证明。市场经济条件下，市场经济组织总是把盈利作为经营的最终目标，而如何保障交易安全却是他们必须首先考虑的问题。公司章程是公司最重要的法律文件，公司章程要记载公司的经营范围、注册资本及公司股东或发起人、法定代表人等内容。由于公司章程是公司申请设立登记时必备的法律文件，因此公司章程经过公司登记机关的注册登记而具有对外公开性。公司章程对于公司对外开展经营活动，保障交易安全，起着至关重要的作用，如“经营范围”在一定程度上反映了一个公司的交易资格和能力。交易者选择交易伙伴时首先应考虑对方的经营范围，尤其是某些特许行业，如保险业、银行业、证券业等必须取得政府主管部门的特别审批。公司的注册资本是公司对外交易的物质基础和保证，必要的资本额不仅是公司设立的一个前提条件，也是公司的信用基础、偿债基础。一般而言，具有雄厚资本的公司具有较强的履约能力和良好的信誉保证，公司的注册资本额和实有财产总额越高，其对外信用也就越高；反之，公司注册资本额和实有财产总额越低，其对外信用也就越低。[①]

第三，公司章程是管理公司内部事务的规章制度，规定了公司组织和活动的原则及细则。它规定的股东的权利义务和确立的内部管理体制是公

① 江平．新编公司法教程 [M]．北京：法律出版社，2003：37.

司对内进行管理的依据。它对公司从设立到解散的全过程始终具有全面的指导和规范作用，因此，公司章程是公司的内部宪章，是公司及其成员的最高行为准则。

为发挥公司章程的作用，我国现行公司法通过两个途径，即以明示和默示的方式肯定了章程的自治：一方面，弱化了许多强制性的规定，另一方面，明确赋予了公司章程更多的自主权。为鼓励公司自治，在公司章程不违反公司法强制条款之前提下，法律允许公司及其股东对公司章程作出个性化设计，自主规范公司内部关系。因此，在一定意义上，公司章程功能的真正实现即预示着公司自治时代的开启。

3. 公司章程的性质

公司章程是公司法的一个重要内容，对于公司章程的性质，主要有两种不同观点，即契约说和自治法说。契约说认为，公司章程是股东之间在平等协商的基础上就设立公司的权利义务达成的文件，是股东自由意志的体现。契约说主要流行于以英美为代表的英美法系国家，其最初源于经济学家提出的有关“合同”公司的理论。该理论把公司看作是一种体现着个人之间契约关系网的法律机制，公司由此在本质上是“合同性”的。而公司章程是由设立公司的相关者通过协商一致达成的，如有限责任公司章程的订立；或是通过一个具备格式条款的合同，想加入公司股东行列的当事人只能在“接受”与“不接受”之间做出承诺。如股份有限公司章程的订立。自治法说则主要流行于以德、日为代表的大陆法系国家，公司章程是在国家强制性规范指导下订立的、旨在平衡股东权益的公司内部根本法。公司章程不仅约束制定章程的设立者或发起人，而且约束着公司机关及新加入公司的股东。章程对已经成为其成员者，具有普遍的约束力；不管其成员的个别意思如何，都可根据成员的一般意思而变更；因制定章程或变更章程的社员退股或转让股份而发生人员结构的变化时，仍不影响章程的效力，所以章程应是自治规范。

4. 公司章程的特征

（1）公司章程具有法定性

所谓法定性是指公司章程的制定、内容、效力和修改均由公司法明确规定，这是各国的立法通例。公司章程的法定性，反映了国家对于公司组织和行为的干预。公司法是一部强制性规范与任意性规范相结合的法律，体现在公司章程上，其记载事项有法定性的要求，这在实质上也就是在公司章程的层面划定了公司自治的范围和空间。公司章程法定性的目的是为了规范公司的组织和行为，保护公司、股东和债权人的合法权益，强调公司的社会责任，实现立法目标。公司章程的制定者可以在不违反法律、行政法规规定的情况下，在章程中记载适合本公司组织和行为特点的一些事项，以实现公司的自治，这也体现出了我国公司法淡化国家干预理念的立法取向。

（2）公司章程具有公开性

公司章程不是秘密文件，章程记载的事项都可以为公众所知悉，而且，公司和公司登记机关应当采取措施，以方便公司的股东及潜在的投资者、债权人及潜在的交易对象以不同的方式、不同的途径了解章程的内容。公司章程的公开性在公司实践中具有重要的意义：公司章程的记载事项一方面表明了公司的基本情况，它是公司承担责任的信用基础，另一方面，公司章程也是与公司交易的第三人特别关注的重要内容。同时，章程的某些记载事项是国家行政部门对公司实施管理的依据：公司章程的公示是在公司、公众、政府三者之间建立的一种信息通道，通过这种公示来保障交易安全，也使公司的运营受到法律规范的制约，同时，政府对经济生活的管理得以透明与合理。①

（3）公司章程具有自治性

公司章程是规范公司组织和活动的自治规则，公司法中的任意性规范越多，公司自治的空间就越宽广。对公司的规范应采取公司法的强制性规范和公司章程相结合的手段，这样既能调动投资者的积极性，充分发挥公司在社会经济生活中的作用，同时，又能保护交易安全，维护正常的交易秩序。我国公司法不仅多次使用了“可以”的字样，而且还多次出现诸如“公司章程另有规定的除外”“由公司章程规定”等表述，这充分体现了用公司章程来实现公司自治的空间，在公司法允许的范围内，针对本公司的资本规模，经营范围，组织机构等特点来制定适合本公司开展经营活动的具

① 赵旭东．公司法学 [M]．北京：高等教育出版社，2006.

体规则，充分体现公司的个性。公司章程的自治性，体现了公司经营自由的精神。

公司章程的自治不能违背法律、行政法规的规定。自由是有限度的，公司的经营自由也并不是无限制的。公司章程的法定性规定体现了这一限制，自治性和法定性的结合反映了公司法是强制性规范与任意性规范相结合的法律，是平衡股东利益和公司债权人利益的法律。我国公司法的趋势是放松了对公司的管制，鼓励公司通过章程自治，因而公司章程的制定、修改就显得尤为重要了。

5. 公司章程的制定与修改

（1）公司章程的制定

公司章程是公司的设立要件之一，因此章程的制定发生在公司设立环节。公司章程的制定主体和程序因公司的种类不同而异，根据公司法第二十三条规定：设立有限责任公司，应当具备的条件之一就是股东共同制定公司章程，一人有限责任公司章程由股东制定，有限责任公司章程的制定者是股东。此处的“股东”是指参与投资设立公司的投资者即发起人，股东共同制定公司章程意味着公司章程反映的是全体发起人的意志，发起人应当在所制定的章程上签字盖章，表示同意接受章程的内容，这标志着制定章程程序的结束。国有独资公司章程由国有资产监督管理机构制定，或者由董事会制定、报国有资产监督管理机构批准。公司法第七十七条规定：设立股份有限公司应当具备的条件之一是发起人制定公司章程，采用募集方式设立的须经创立大会通过，所以其章程的制定过程比较复杂，因为这类公司，其股东已经社会化。这类公司具有开放式的特点，发起人制定的公司章程并不一定能够反映公司设立的所有投资者的意志，所以既需发起人制定，又需创立大会决议通过。而发起设立的股份有限公司，其投资者并没有社会化，这类公司具有封闭性的特点，发起人所制定的章程已经反映了公司设立时的所有投资者的意志，发起人在所制定的公司章程上签字或盖章，表示同意接受章程的内容，标志着章程制定程序的结束。

①公司章程的记载事项

公司章程记载的事项也就是公司章程的内容。在现代社会，多数国家都放松了对设立公司的管制，并且赋予了公司以相当多的自由，其中一种管制的模式是将公司设立及组织机构所必备事项规定于公司法之中，并由公司章程予以针对性的细化和作出具体规定。

公司法关于公司章程记载事项的规定，依据其效力不同分为绝对必要记载事项，相对必要记载事项和任意记载事项。

②公司章程的制定应注意的问题

第一，公司章程的绝对必要记载事项应符合法律、行政法规的强行性规定。制定公司章程的程序亦应符合公司法的要求，如以募集方式设立的股份有限公司，发起人制定的公司章程须经创立大会通过。

第二，公司章程内容的相对必要记载和任意记载事项应体现公司的经营基本情况，彰显公司的个性。现实生活中的公司是千姿百态的，每个公司的经营规模、经营范围、经营目标等也相差甚远，因此作为公司成立与存续依据的公司章程就必须体现每个公司的自主性与个性，从而便利公司经营目标的实现。且该事项不应过于笼统，应具有可操作性。

第三，公司章程的一个重要任务就是将公司法赋予股东的权利作出更加具体的规定，使其更加具有可操作性。公司法对股东权利的规定如下：公司股东应当遵守法律、行政法规和公司章程，依法行使股东权利，不得滥用股东权利损害公司或者其他股东的利益；不得滥用公司法人独立地位和股东有限责任损害公司债权人的利益。在公司成立之后，一旦股东履行了出资义务，对公司不再负其他积极义务，因此公司章程对于股东的效力大多表现为股东如何行使权力，防止控股股东权利的滥用。对于股东固有的权利以及公司法明确赋予的权利，章程不能剥夺。在股东分配利润、股权转让、股权的继承等众多关系到股东切身利益的方面，章程都发挥着极其重要的作用，股东对于这些内容都可以充分发挥意思自治，制定符合实际情况的章程。公司法允许公司章程在这些方面作出与公司法不同规定的同时，规定股东不能滥用权利，不能侵害公司的利益，我国公司法也确认了揭开公司面纱原则，对股东滥用法人资格进行了规制。股东在其权利受到损害的情况下，可以依据章程获得救济。公司法第一百五十二条、第一百五十三条分别赋予了股东诉权作为其救济手段。

第四，董事、监事、高级管理人员作为公司机关的成员，负责公司日常经营决策、执行和监督，对公司负有忠实义务和勤勉义务，章程作为公司的自治规则突出体现在对上述人员的规定方面。公司章程有关公司的机构及其产生办法、职权、议事规则的规定，也是董事、经理、监事行使职权的重要依据。无论是有限责任公司还是股份有限公司，公司章程都是公司经理职权的重要来源之一。不仅如此，董事会的具体构成和权限与股东会的具体构成和权限、监事会的议事方式和表决程序、有限责任公司董事会的议事方式和表决程序等公司内部机关的规定都是由公司法和公司章程调整的。

（二）公司章程在公司治理方面应遵循的原则

公司章程与公司法是不可分割的，它们之间的融合互动性关系突出表现在各自在公司生存与发展中起到不可替代的作用。公司是谋求利益最大化的具有独立意志的社团法人，通过公司章程的自治应该说有利于公司经营目标的实现。公司是与社会公共利益紧密联系的社团法人，特别是上市公司，社会公共性相当强。为了校正市场失灵、公司自治失灵，需要政府的适度规制，这首先是基于社会公平的需要，其次是基于市场效率的需要。

而公司章程与公司法相互作用，相互促进，不可替代的关系在公司治理方面的意义可见一斑。公司治理的目的在于寻求公司各机关之间分配权限的合理化，以建立高效的激励与约束（经营者）的机制。[①]公司基于与其他企业组织形式的不同产权结构，形成了独特的治理结构，这种治理结构是现代企业制度的核心和集中体现。

要对公司进行科学有效的治理，离不开合理的治理结构。所谓公司的治理结构是指适应公司的产权结构，以出资者（股东）与经营者分离、分立和整合为基础，连接并规范股东会、董事会、监事会、经理相互之间的权利、利益、责任关系的制度安排。它包括公司的组织结构及其运行机制两个方面，组织结构指由公司的意思形成机构，业务执行机构和内部监督机构构成了完整的、有机的、科学的组织系统，运行机制则指股东会、董事会、监事会、经理等公司组织机构在公司运营过程中的激励、监督和制衡机制，二者是公司治理结构不可分割的两个方面。[②]公司法关于公司治理

① 高在敏，王延川，程淑娟. 商法 [M]. 北京：法律出版社，2006：302.

② 范健. 商法 [M]. 北京：高等教育出版社，北京大学出版社，2007：168.

结构有着明确规定：第三十七条规定了有限责任公司股东会是公司的权力机构并规定了相应的职权，但也允许公司章程规定其他的职权；第四十七条规定董事会对股东会负责，并且从董事会职权的规定可以看出董事会是经营的决策机构，监事会是对公司的业务活动进行监督和检查的常设机构，在股东会、董事会、监事会职权的规定上都有一项是公司章程规定的其他职权。由此可见，在公司治理这一问题上，公司法是有具体规定的，同时还赋予了公司章程相应的权限。通过对意思形成机构、业务执行机构和内部监督机构的职权加以规定，以更好地实现对公司的治理。

公司的治理结构，从静态方面而言，其主题是公司各机关间权限分配是否合理，其标准是股东而不是管理者主宰公司的命运；从动态方面而言，公司的治理结构的主题是公司各机关权限行使是否得当。[①]

西方国家在长达三百多年的公司实践中，逐渐形成了一些为各国公司立法所普遍遵循的公司治理结构原则。纵观各国公司法的有关规定，可以看到在确立公司治理结构的具体模式时，均普遍确认并奉行下列原则：其一是资本支配与资本平等。该原则是确定公司治理结构的基石，资本支配体现为出资者主权，资本支配在股东内部的分配上则要奉行资本平等原则，股东在资本面前人人平等。按投入公司的资本额分享权利，这是资本支配的具体化和实现方式，它的基本要求是同股同权，同股同利。其二是权力分立与权力制衡。该原则决定了公司治理结构的形式架构。权力分立是公司所有权与经营权相分离的具体体现，提高了公司的运营效率，同时产生了权力制衡的基础和必要；在分权的基础上，公司各组织机构的权力配量又形成了相互制衡的格局，在公司的组织机构之间形成了一个互相依赖、互相作用并相互制衡的组织系统，最大限度地保证了公司的行为理性，实现经济利益的最大化。其三是效率居先与兼顾公平。该原则是公司治理结构的价值取向，公司各组织机构的权利或权力是一种此消彼长的负相应关系，其间会存在着矛盾和冲突、效率居先与兼顾公平是解决这些矛盾和冲突，科学合理配置公司权力的准则。现代公司法呈现出弱化股东会权利，强化董事会功能的发展趋势，不仅如此，在一定意义上甚至可以说，现代公司

① 高在敏，王延川，程淑娟．商法 [M]．北京：法律出版社，2006：302.

运营实践基于对效率居先的强调，已显示出进一步弱化董事会作用，强调具体经营者（董事长、经理）功能的倾向。与此同时，也不能忽视兼顾公平的要求，要保证资本平等，保证公司对内、对外利益之均衡，还要对小股东的利益予以特别的保护。诚如罗尔斯所言：一个社会，无论效益多高、多大，如果它缺乏公平，则我们不会认为它就比效率较差但较公平社会更理想。[①]

在公司治理的问题上，公司章程除了应遵循公司法所遵循的原则以外，更为重要的是，在公司法允许的范围内，使公司的各个组织机构之间的权限分配既合理，又有利于提高公司的经营效率。在法律规定暧昧时，公司章程为公司内部运作机制的完善，组织机构的有序运作提供了制度保证，有助于公司内在问题的解决。如何确定各组织机关之间权限分配的连结点，是个难题。如果把握不好，很可能导致的结果要么是组织机构之间的越权问题，形成治理的僵局，要么是出现漏洞，无章可依。一旦出现不利后果，各组织机构就会推诿责任。无论哪一种情况，都会造成公司经营效率的低下，从而危及股东及债权人的利益。因此对公司法所确认的公司治理原则需要由公司章程有针对性地予以具体化。

三、公司股东会、董事会、监事会的实务操作

（一）股东会

1. 股东会的概念和特征

股东会即由股东组成的公司的最高权力机构，是股东在公司内部行使股东权的法定组织。特征如下。

（1）股东会是由公司股东组成的公司机关

（2）股东会是公司的意思形成机构和最高权力机关

公司的意志只能是全体股东的共同意志，而股东会就是形成股东集体意志的机构。有选举和罢免董事、监事，有权决定公司的增资和减资，有权修改公司章程。有权对公司重要事项作出决定。

（3）股东会是公司必要的非常设机关。

① 张文显. 二十世纪西方法哲学思潮研究 [M]. 北京：法律出版社 1996：603.

它以年会和临时会议的形式行使职权。

2. 股东会的职权

根据我国公司法第三十八条和一百条的规定，股份有限公司股东会的职权与有限责任公司股东会的职权相同，我国公司股东会的职权如下。

（1）决定公司的经营方针和投资计划；

（2）选举和更换非由职工代表担任的董事、监事，决定有关董事、监事的报酬事项；

（3）审议批准董事会的报告；

（4）审议批准监事会或者监事的报告；

（5）审议批准公司的年度财务预算方案、决算方案；

（6）审议批准公司的利润分配方案和弥补亏损方案；

（7）对公司增加或者减少注册资本作出决议；

（8）对发行公司债券作出决议；

（9）对公司合并、分立、解散、清算或者变更公司形式作出决议；

（10）修改公司章程；

（11）公司章程规定的其他职权。

3. 股东会会议

（1）股东会会议的种类：定期会议和临时会议

这是依股东会会议召集的时间标准所作的划分。二者的区别在于召集程序不同。

定期会议又称股东年会，是指依照公司法和公司章程的规定每年必须定期召开的股东会议，又叫定期例会或股东常会。定期会议通常是一年一次。

临时会议，又称特别股东会议，是指遇有特定情形，在股东年会之间临时召开的讨论决定公司重大事项的股东会议。临时股东会会议一般为处置公司的突发重大变故而召开。

（2）股东会会议召集人

一般情况下，无论是定期还是临时会议，股东会会议的召集人原则上都是董事会，董事长主持。

（3）股东会召集的地点

我国公司法未对股东会的召集地点作明确规定。原则上可以随意选择，因此许多大股东可能会选择某一偏僻处召开股东大会，使小股东因参加股东大会的成本过高而不愿出席。

但是对于上市公司，我国则有相应的规范，中国证监会《上市公司股东大会规范意见》（2000年修订）第二十四条规定，由股东自行召开的临时股东大会，会议地点应当为公司所在地，但是对于股东年会及其他临时股东大会召集地点则缺乏刚性规定。实践中绝大部分公司都在公司所在地（注册地）召集股东大会。

4. 股东表决权的行使

股东表决权是股东基于股东资格而享有的、在股东会会议上就议决事项予以表决的权利。

表决权行使的一般原则是“一股一票”和“资本多数决”原则。

在股份有限公司中实行的是同股同权、一股一票原则。在有限责任公司中，一般按出资比例行使表决权。

5. 股东会决议种类

（1）普通决议

是指股东会在决议公司的普通事项时，获得简单多数赞成即可通过的决议，为普通决议。所谓简单多数，在有限责任公司，是指代表过半数表决权的股东；在股份有限公司，是指代表出席会议股东持有的过半数表决权的股东。

（2）特别决议

股东会在议决公司的特别事项时，获得绝对多数赞成方可通过的决议，为特别决议。对于“绝对多数”，也有不同理解，有的指2/3以上，如法国；有的指3/4以上，如德国。

（二）董事会

1. 董事会的概念和职权

（1）董事会的概念

董事会是由股东（大）会选举产生的必设和常设的集体业务执行机关与经营意思决定机关。特征如下。

①董事会由股东会选举产生，向股东会负责，贯彻执行股东会的决议。

②董事会是公司的核心领导机关。董事会不仅是业务执行机关，还是公司的经营决策机关。除法定股东会决议的事项外，董事会均可以做出独立决定。

作为经营决策机关和领导机关，董事会不仅要决定公司的经营方针和投资方案，而且还要决定公司内部管理机构的设置，负责制定公司的基本管理制度，决定公司高级管理人员的任免。

③董事会是集体执行公司事务的机关。即只能通过召开董事会的形式行使权利，而不能以个人名义行使。

④董事会是公司的必设和常设机关。

（2）董事会的职权

根据公司法第四十七条和一百零九条第四款的规定：董事会对股东会负责，行使下列职权。

①召集股东会会议，并向股东会报告工作；

②执行股东会的决议；

③决定公司的经营计划和投资方案；

④制订公司的年度财务预算方案、决算方案；

⑤制订公司的利润分配方案和弥补亏损方案；

⑥制订公司增加或者减少注册资本以及发行公司债券的方案；

⑦制订公司合并、分立、解散或者变更公司形式的方案；

⑧决定公司内部管理机构的设置；

⑨决定聘任或者解聘公司经理及其报酬事项，并根据经理的提名决定聘任或者解聘公司副经理、财务负责人及其报酬事项；

⑩制定公司的基本管理制度；

⑪ 公司章程规定的其他职权。

与修订前的公司法相比，新公司法对董事会职权规定的最大不同在于多了一项授权性规定，即公司章程还可以对董事会进行授权。这一修订有利于公司根据自己的实际情况对董事进行赋权，有利于公司提高经营运作效率。（我国董事会的职权相对较小，但可以通过章程的规定扩大董事会的职权）

2. 董事会的产生和结构

（1）董事会的产生

①董事的任职资格

A. 身份条件。关于身份条件，各国公司法主要围绕两个方面进行规范：一是董事人选是否必须为公司股东；二是是否允许法人担任董事。

我国公司法对此没有规定。

B. 年龄条件。年龄条件分为下限和上限。各国公司法均规定，未成年人不能担任公司董事，因此各国对下限的规定基本一致；对于上限的规定则有不同。有的规定了 70 岁、65 岁等年龄的限制。

我国公司法没有明确规定，但是未成年人是不能担任董事的。

C. 国籍条件。多数国家无限制，少数有限制。我国没有作出限制。

D. 能力、品行条件。

第一百四十七条　有下列情形之一的，不得担任公司的董事、监事、高级管理人员：

（一）无民事行为能力或者限制民事行为能力；

（二）因贪污、贿赂、侵占财产、挪用财产或者破坏社会主义市场经济秩序，被判处刑罚，执行期满未逾五年，或者因犯罪被剥夺政治权利，执行期满未逾五年；

（三）担任破产清算的公司、企业的董事或者厂长、经理，对该公司、企业的破产负有个人责任的，自该公司、企业破产清算完结之日起未逾三年；

（四）担任因违法被吊销营业执照、责令关闭的公司、企业的法定代表人，并负有个人责任的，自该公司、企业被吊销营业执照之日起未逾三年；

（五）个人所负数额较大的债务到期未清偿。

公司违反前款规定选举、委派董事、监事或者聘任高级管理人员的，该选举、委派或者聘任无效。

董事、监事、高级管理人员在任职期间出现本条第一款所列情形的，公司应当解除其职务。

E. 其他条件。

我国公司法规定，公务员不得兼任公司董事，监事也不得兼任公司董事。

②董事的选任

董事通常由股东会选任。特殊情况如下。

A. 以发起方式设立的股份公司的首届董事，由发起人选任；

B. 以募集方式设立的股份公司的首届董事，由创立大会选任；

C. 一人公司的董事由股东指派。

D. 董事会中的职工代表由公司职工通过职工代表大会、职工大会或者其他形式民主选举产生。（两个以上的国有企业或者两个以上的其他国有投资主体投资设立的有限责任公司，以及国有独资公司，其董事会成员中应当有公司职工代表）

③董事的任期

第四十六条　第一百零九条　董事任期由公司章程规定，但每届任期不得超过三年。董事任期届满，连选可以连任。

（2）董事会的结构

董事会是由若干名董事组成的委员会机构。我国公司法关于董事会的结构有以下几个特点。

①董事会组成人数既有上限也有下限，按照公司法第一百零九条和第四十五条的规定，股份有限公司的董事会，其成员为 5 人至 19 人，有限责任公司的董事会成员为 3 人至 13 人。

②董事会必须设董事长一人，可以设副董事长。

③修改后的公司法去掉了原法中规定副董事长为“一至二名”的限制，意味着董事长这一职位，设置多少名由公司自行决定。当然公司也可以不设副董事长。

④有限责任公司的董事长、副董事长的产生办法由公司章程规定。董事长可以为公司的法定代表人。

股份有限公司的董事长和副董事长由董事会以全体董事的过半数选举产生。董事长可以为公司的法定代表人。

（3）独立董事

独立董事，是指不在公司担任除董事外的其他职务，并与其所受聘的公司及其主要股东不存在可能妨碍其进行客观判断的重要关系的董事。（也叫外部董事；非执行董事）

3. 董事会会议

（1）董事会会议的种类

董事会会议分为定期会议和临时会议。

（2）董事会会议的召集

第四十八条　董事会会议由董事长召集和主持；董事长不能履行职务或者不履行职务的，由副董事长召集和主持；副董事长不能履行职务或者不履行职务的，由半数以上董事共同推举一名董事召集和主持。

（3）董事会会议的法定人数

即董事会会议形成有效决议，必须达到法定的出席董事会议的人数。

我国没有规定有限责任公司董事会会议的法定人数。由公司章程规定。

对于股份公司，第一百一十二条规定：董事会会议应有过半数的董事出席方可举行。董事会作出决议，必须经全体董事的过半数通过。

（4）董事会决议

董事会决议是实行一人一票制。有限责任公司的表决方式和表决程序由公司章程规定；股份公司董事会会议应有过半数的董事出席方可举行。董事会作出决议，必须经全体董事的过半数通过。

（三）监事会

1. 监事会的概念和职权

（1）监事会的概念

监事会是由股东会选举的监事以及由公司职工民主选举的监事组成的，对公司的业务活动进行监督和检查的法定必设和常设机构。

（2）监事会的职权

第五十四条　监事会、不设监事会的公司的监事行使下列职权：

（一）检查公司财务；

（二）对董事、高级管理人员执行公司职务的行为进行监督，对违反法律、行政法规、公司章程或者股东会决议的董事、高级管理人员提出罢免的建议；

（三）当董事、高级管理人员的行为损害公司的利益时，要求董事、高级管理人员予以纠正；

（四）提议召开临时股东会会议，在董事会不履行本法规定的召集和主持股东会会议职责时召集和主持股东会会议；

（五）向股东会会议提出提案；

（六）依照本法第一百五十二条的规定，对董事、高级管理人员提起诉讼；

（七）公司章程规定的其他职权。

另外，公司法第五十五条规定：监事可以列席董事会会议，并对董事会决议事项提出质询或者建议。

监事会、不设监事会的公司的监事发现公司经营情况异常，可以进行调查；必要时，可以聘请会计师事务所等协助其工作，费用由公司承担。

第一百一十九条 本法第五十四条、第五十五条关于有限责任公司监事会职权的规定，适用于股份有限公司监事会。

监事会行使职权所必需的费用，由公司承担。

2. 监事会的产生

（1）监事的选任

监事中的职工代表由职工民主选举产生；其他由股东会选任。

（2）监事的任职资格

董事、高级管理人员不得兼任监事。

（3）监事的任期

监事的任期每届为三年。监事任期届满，连选可以连任。

3. 监事会的组成

（1）监事会的人数

人数不得少于3人；但股东人数较少和规模较小的有限责任公司可以不设监事会，只设1至2名监事。

（2）监事会的成员结构

监事会应当包括股东代表和适当比例的公司职工代表，其中职工代表的比例不得低于三分之一，具体比例由公司章程规定。

4. 监事会会议的召集与决议

有限责任公司的监事会每年度至少召开一次，股份公司每六个月至少召开一次。监事可以提议召开临时监事会会议。监事会决议应当经半数以上监事通过。

四、公司经理层的实务操作

经理层是公司的重要部门之一，经理层治理在公司治理中占有重要地位。经理层的治理水平直接影响公司重要决策的确定与实施效果，进而影响到公司绩效。在竞争性的经济模式中，经理的素质直接决定了一个企业的存亡，经理人员的工作能力是一个企业经济效益实现的有利辅助。企业中出现的如秩序、结构、动力和领导问题，必须在企业管理人员手中得到解决，在管理层中，经理人员是企业管理层中最基本的资源。随着我国改革开放的深入，在进行企业经营有益探索中，越来越多的企业认识到了企业经理层激励机制的重要性。

（一）经理的概念

经理又称经理人，是指由董事会聘任、负责组织日常经营管理活动的公司常设辅助业务执行机关。

我国旧公司法赋予了公司经理很高的法律地位和职权，主要是受原有企业长期实行厂长（经理）负责制的影响，新公司法对原法有关经理的规定作出了一些修改。

第一，有限责任公司的经理职位由必须设置改为任意设置。公司法第五十条修改为可以设经理，但公司法第六十九条规定，国有独资公司还必须设经理职位。

第二，股份公司和有限公司的经理职权由完全法定强制性规范改为章程优先的任意性规范。原公司法规定了两类公司的经理 7 项法定职权，还规定了公司章程和董事会可以在 7 项职权之外授予经理其他职权，也就是说这 7 项职权是不得以章程和其他形式限制或剥夺的。根据新公司法第五十条和一百一十四条规定，列举的经理的职权虽然与原法基本一致，但第五十条第 2 款明确规定“公司章程对经理职权另有规定的，从其规定。”

（二）经理的职权

第五十条　有限责任公司可以设经理，由董事会决定聘任或者解聘。经理对董事会负责，行使下列职权：

（一）主持公司的生产经营管理工作，组织实施董事会决议；

（二）组织实施公司年度经营计划和投资方案；

（三）拟订公司内部管理机构设置方案；

（四）拟订公司的基本管理制度；

（五）制定公司的具体规章；

（六）提请聘任或者解聘公司副经理、财务负责人；

（七）决定聘任或者解聘除应由董事会决定聘任或者解聘以外的负责管理人员；

（八）董事会授予的其他职权。

公司章程对经理职权另有规定的，从其规定。

经理列席董事会会议。

第一百一十四条　股份有限公司设经理，由董事会决定聘任或者解聘。

本法第五十条关于有限责任公司经理职权的规定，适用于股份有限公司经理。

（三）经理层激励约束机制概述

1. 经理层的职责与法律地位

（1）经理层的职责

在我国现阶段，经理层的主要职责就是根据董事会决议，来制定和实施公司的发展战略，并根据外部企业环境竞争的需要，不断调整公司的总体战略；同时在企业经营管理中，根据企业发展年度目标组织公司的总体经营计划、财务预算，控制经营计划的有效实施，开展并组织公司的社会公共关系活动，为建立企业高效的工作体系和组织体系出谋划策，营造出良好的企业文化氛围，对外树立良好的企业形象。

（2）经理层的法律地位

经理层在企业人力资源管理中不能脱离于企业董事会而独立制定企业的总体方针。因为在现代企业管理中，经理层是由董事会聘任的，并且所有的行动都需要直接听取董事会的指挥。所以从管理的层级来说，经理层是企业董事会直属的辅助管理职能部门。根据我国现有公司法规定，在现代企业中，经理层的职权是按照公司的章程直接由董事会授权的，其主体的地位也是法定的。

2. 企业激励约束机制的内涵

激励约束，在现代企业人力资源管理中，它是管理层人员根据组织的目标和企业的行为规范，结合各种有效的管理方式，去激发员工的工作动力和工作激情，从而让企业的员工具有一种内在的动力，让企业的所有人包括管理者能够朝着企业主体所期待的目标前进。在企业中，激励和约束这两种人力资源管理机制有着不同功能，且互相关联二者是缺一不可，没有激励就无法调动员工潜在的才能和工作的积极性，企业要想发展也无从谈起。所以在企业实践管理中，必须把激励和约束结合起来。

在我国现代企业管理激励机制中，目前阶段主要有物质激励和精神激励。其中物质激励主要指的是物质上的奖励，如年薪、福利、津贴、公积金、股票期权等。而精神激励主要指从精神上给予的奖励，比如员工的升职空间、学习机会、荣誉激励等。

而约束方式主要为了促进企业的有序发展所制定的规范和章程，这个规范和章程既包括企业内部的，也包括对外的约束、如市场约束，法律约束等。不管是激励机制还是约束机制，它们都是在一定的环境下形成并发挥其作用的，这里所说的市场环境包括有企业声誉、资本市场、产品市场等。环境则包括有内部企业环境也包括外部市场环境等，其中内部企业环境主要是指企业的组织管理结构、企业规章制度、产品结构和企业文化氛围、财务政策等。

从机制本身来看，不管是激励机制还是约束机制都分为显性和隐性两种，比如劳动聘用合同，报酬方案等都属于企业内部的显性激励。而那些表面看不出来的隐性事实还原给当事者，由人事管理层来做出的针对当事人选择和控制所做出的激励机制都称为隐性激励。

3. 企业经理层激励约束机制的原则

企业经理层的激励约束机制通常要遵循以下三点原则。

一是坚持激励性的原则。这是最根本性的原则，必须围绕提高激励作用来设计，体现出经理层的优越性。二是坚持竞争性原则。给予经理层更多、更全面的激励，来调动和激发经理层的工作积极性和创造性。三是公平性原则。企业在开展经理层的激励约束机制建设中，要坚持公平性原则，从经理层对企业的价值和贡献度出发，对经理层的激励要区别于其他人员，从而让他们的价值和贡献通过激励和约束得到最大的体现。[①]

五、律师承办公司治理业务操作指引

（一）公司治理业务概述

1. 公司治理业务的定义

律师承办公司治理业务是指律师接受客户委托，为目标公司治理体系的建立和完善提供法律服务的执业行为。

2. 公司治理业务的宗旨

律师承办公司治理结构业务的目标是协助客户建立和完善目标公司内部制度体系（主要是公司内部规范性文件体系）以体现公允对待所有利益关系方，平衡保障所有利益关系方的利益，合理分配各利益关系方权利和责任，同时尽可能达到如下结果：消除系统性缺陷和不确定性；防范和控制或然性风险；提高资源配置和使用效率；避免目标公司内部任何一方利益关系人擅权或各方利益关系人陷入僵局。

3. 公司治理业务范围

律师承办公司治理业务包括但不限于下列范围：律师事务所接受公司或发起人、股东、公司独立董事及公司债权人等公司内外部利益关系人的委托，指派律师为公司设计、拟制、论证、审核及协助确定合理有效的公司治理结构和相应治理机制。该业务涉及公司章程等宪章性文件的拟制与修订、公司运营及管控制度的建立与完善、公司战略制定、法律风险的防范与控制、投资人关系管理、员工激励约束、企业集团管理、公司内外部信息报告和披露、社会责任承担等相关具体业务。

承办律师应当主要通过对程序性规范的制定来完善公司治理并使其具有可执行性。

4. 影响公司治理的因素

第一，律师承办公司治理业务，应确保公司内部治理结构符合“职能独立、职责明确、职权制衡”的原则，通过权力的分配和制衡，使公司权力机构、决策机构、执行机构和监督机构各司其职、各负其责，又相互制衡，

① 王进. 论我国国有商业银行内部激励机制的完善 [J]. 时代金融，2010（01）：40-41.

保证公司顺利运行。

第二，虽然股东会、董事会、经理、监事会存在法定性质的关系，但具体到个别公司，承办律师还要在坚持法定原则的基础上，根据公司自身特点，配备公司机构权限，设计公司治理具体模式。即不同公司的治理模式是不同的，在共性基础上存在个性的区别。一般来说，承办公司治理的律师为公司选择内部治理模式应至少考虑下列因素。

股权结构，即公司内部股权的分散程度。公司股权的分散与集中程度，决定了公司治理所要解决的根本问题应当不同，进而公司的治理模式也要有相应的重点。如果公司股权高度分散，则决定了公司治理所要解决的根本问题是如何使经营管理层富有效率地按照公司股东的利益最大化行事；如果公司股权相对集中或高度集中，则决定了公司治理所要解决的根本问题是如何防止控股股东或大股东侵占中小股东的利益。多元化的股权结构是理想的公司治理环境。

股东的特质，包括股东的特殊身份（例如国有控股股东或外资股东）、股东的投资原因（例如属于产业投资、战略投资或财务投资）、股东的流动性（例如是否具有社会公众股东）、股东职能的多重性（例如控股股东身兼核心技术发明人或营销专家角色）、股东与公司之间的依赖性（例如公司的主要采购或销售渠道依赖股东，或公司业绩主要依赖与股东的关联交易）、股东的控制意愿和控制能力等因素。承办律师应当在设计公司内部治理模式时高度关注各股东的特质，使其成为使公司获益的资源，而非使公司受损或可能受损的风险。

公司主营业务，承办律师应当关注公司治理模式体现公司主营业务的特点，尤其与社会公共安全和社会生态文明密切相关行业的企业更应高度关注，例如，从事高污染、高耗能业务的公司治理应当突出公司经营行为须符合社会最低生态文明的要求，重大经营事项均须事先获取行政许可，重大事项应当及时、准确、完整进行信息披露等特点。

（二）律师承办公司治理业务操作指引

1. 关于公司内部治理结构的操作指引

（1）承办律师在设计公司治理结构时应注意的问题

第一，承办律师的工作重点应是在法定的治理架构基础上合理划分股东会、董事会、监事会、经理的职权。

第二，公司法第三十八条、第四十七条、第五十四条是强制性法律规范。

上述法条是否为强制性法律规定还有争议，但却是公司治理中一个重要问题，亟待解决。其赋予股东会、董事会、监事会的职权是法定职权，三大机关的法定职权不能僭越，尤其应注意董事会不能行使股东会的法定职权，股东会也不能剥夺董事会的法定职权。

第三，承办律师应高度关注股东会、董事会、监事会的议事规则和经理的工作准则，以确保权利能够落到实处，体现公司治理原则的要求。

2. 关于股东和股东会的操作指引

（1）影响股东资格认定的因素

股东资格是投资人取得和行使股东权利，承担股东义务的基础。股份有限公司股东资格的认定以持有公司股票作为认定标准。有限责任公司股东资格的认定相对来说较为复杂，影响股东资格认定的因素有：缴纳出资凭证、签署公司章程、工商登记、出资证明书、股东名册。律师应核实公司上述文件形式上是否统一，如存在不统一的情况，应通过探求公司真实意思来认定股东资格，以便及时弥补瑕疵，将纷争消灭在萌芽之中。

（2）股东权利

①股东权利分类

股东权利有多种划分方式，但对承办公司治理业务的律师具有实际意义的是股东固有权和非固有权的划分。

A. 股东固有权利，又称股东法定权利，是指由公司法赋予的，不得以公司章程或公司决议剥夺或限制的权利。此类股东权利自治空间比较小，公司只能对其扩大或具体化，如确认公司决议无效权、请求撤销公司决议权、股东知情权、股东质询权、股权回购权、股东代表诉讼、股东直接诉讼、公司财产分配请求权等。

B. 股东非固有权利，又称股东非法定权利，是指可由公司章程或公司决议剥夺或限制的股东权利。该类股东权利虽然不是股东固有权利，但承办律师应注意，该权利的限制和剥夺，必须要得到权利被限制股东的同意，如限制或剥夺表决权、股利分配请求权、股权转让权等。

②有限责任公司股东股权转让权

A. 股权转让是股东收回投资收益的主要方式，且股权转让可能会带来管理层的变动、公司治理结构的调整、甚至公司主营业务的改变，所以承办律师应为公司起草股权转让制度，股权转让条件和转让程序应作为该制度的重点内容。

B. 承办律师应明确公司法第七十二条并不是强制性法律规范。有限责任公司是人合性公司，所以公司可以对股权转让进行限制，但其资合性又决定了这种限制不能导致股权无法流动，应给予股东退出公司的机会。

C. 股东约定权利。除法律明确规定的权利之外，公司还可以根据自身的发展和治理的需要赋予股东或者某个、某类股东特殊的权利，为了体现权利与义务对等原则，拥有特殊权利的股东应承担更多（特殊）义务。承办律师应为公司起草与该特殊股东签订的书面协议，使特殊股东的权利义务以书面的形式确定下来。

D. 股东权利扩张的幅度。为了更好地维护公司和股东的利益，承办律师可以根据目标公司治理的特征和重点，建议公司对股东权利进行扩张和限制。承办律师应当注意：股东权利的扩张系以公司权利受到限制为代价，如果过分强调股东权利的保护，则必然牵制公司运作，降低运营效率，公司僵局出现概率会显著增大，影响公司的稳定。所以承办律师在设计公司治理结构时，应注意股东权利扩张的幅度。

（3）股东义务

股东法定义务是有限的，股东除了缴纳出资，履行清算义务之外，无其他的法定义务。

①股东出资义务

缴纳出资是股东最重要的义务，股东缴纳出资义务既包括公司设立时的缴纳出资义务，也包括公司增资时的续缴出资义务。

②瑕疵出资、抽逃出资股东责任

A. 瑕疵出资、抽逃出资的股东应向公司补足出资。同时为了确保公司经营不受影响，保护其他股东的利益，承办律师可以建议公司在公司章程中增加股东间出资担保责任，要求其他股东对任何形式的瑕疵出资向公司承担连带责任和损害赔偿担保责任。

B. 因实践中大量瑕疵出资、抽逃出资都是由董事、高管与股东合力“完成”的，所以承办律师可以建议公司加重董事、高管忠实、勤勉义务的责任。

③瑕疵出资、抽逃出资股东权利限制

因缴纳出资和股东资格并不是一一对应关系，所以如果瑕疵出资、抽逃出资股东按认缴的出资额行使股东权利，会对其他股东造成不公。承办律师可以建议公司在章程中作如下规定。

A. 瑕疵出资、抽逃出资的股东按照履行出资部分所代表的股权比例行使股东权利。

B. 对于怠于履行出资义务的股东，可以催告其于一定期限缴纳出资，逾期仍不缴纳的即丧失股东权利，履行填补义务的股东符合一定时间或者一定条件，就取得填补出资所代表的股权。

④股东清算义务

清算是股东的法定义务，如股东未在法定期限内成立清算组开始清算，导致公司资产贬值、流失、毁损或者灭失，或者因怠于履行义务，导致公司主要财产、账簿、重要文件等灭失，无法进行清算，股东对公司债务承担连带责任，所以承办律师应敦促股东在停业后的法定期限内进行清算。

⑤股东约定义务

股东约定义务是在法定义务之外与公司约定的义务，股东约定义务常常与关联交易和竞业禁止相关联。承办律师应当建议公司在章程和其他规范性文件中对关联交易和竞业禁止作出规定。只要关联交易履行公司章程及其他规范性文件规定的以关联方回避表决为前提的审议和批准程序，交易的对价条件没有明显不利于公司，则关联交易并不一定妨害公司的存续和发展。但股东（及其关联方）、董事、监事和高级管理人员与公司的同业竞争则应当为公司章程和其他规范性文件所禁止。

（4）股东会

①股东会职权

A. 股东会职权是指依法必须由股东会决定的事项。公司法第三十八条第1款规定了股东会法定10项职权，此外，为公司股东或者实际控制人提供担保，超过一定额度的向其他企业投资或者为他人提供担保的审议权归股东会。

B. 股东会作为公司的最高权力机构，对公司的所有重要事项享有决定权。除上述法定职权之外，公司还可以根据自身需要，在公司章程中增加股东会的其他职权。常见的股东会其他职权有：公司聘用、解聘律师事务所、会计师事务所的决定权，审议股东的提案，审议批准金额超过公司最近总资产一定比例的合同，检查和监督业务执行的措施，必要时可以派遣特别审计员等。承办律师应意识到，公司章程增加股东会其他职权的目的是划清股东会和董事会职权的界限，对董事会的权利进行限制。

C. 股东会可以授权董事会暂行股东会某些法定职权。承办律师应将公司法第三十八条理解为强制性法律规范

②股东会议事规则

A. 股东会议事规则的重要性

为促进公司规范运作，提高股东会议事效率，保障股东合法权益，保证股东会程序及决议内容的合法有效性，公司还应该制定股东会议事规则，股东会议事规则通常由董事会拟定草案，经股东会以普通决议通过后生效。承办律师应在制定股东会议事规则中发挥主导作用，内容的全面详细和程序的可操作性是承办律师在完成该项任务时考虑的重点。

B. 股东会议事规则和公司章程的关系

股东会议事规则包括公司章程相关部分的内容，但议事规则的内容应当比公司章程更详尽。因为写入公司章程的内容需要股东会特别决议才能修改，所以律师应把握股东会议事规则和公司章程内容的重合度，只将关系股东重要权利的议事规则记入公司章程，这样既可以防止股东权利被剥夺，也可以减少股东会议事规则修订的难度。

C. 股东会议事规则的主要内容及注意事项

建议承办律师在起草股东会议事规则时，除应包括公司法强制性规定和公司章程相关部分的内容外，还应注重如下内容。

A. 股东会会议种类

公司法只规定了有权提议召开临时股东会的主体，并没有明确在什么

情况下召开临时股东会，承办律师可以在议事规则中设置董事会在某些情况下必须召开临时股东会的义务。

B. 股东会的召集和主持

根据公司法，有权召集股东会的有董事会、监事会、代表1/10表决权的股东。对于三类召集人的先后顺序，建议承办律师尊重董事会作为股东会第一召集人的权利，规定只有在第一召集人怠于行使职权时，其他责任人才能行使召集权。

C. 股东会提案

审议提案是股东会会议内容，建议承办律师在股东会议事规则中确定股东会提案主体，明确董事会、监事会、有限责任公司股东都有权向股东会提交提案。

D. 股东会通知

其一，为维护股东权利，确保股东能够充分行使表决权，建议承办律师在议事规则中明确股东会通知应附有股东会提案的内容，以及与此有关的影响股东行使表决权的其他信息。

其二，律师应督促公司建立股东名册，并附有股东通信地址。公司应根据股东名册及通信地址送达股东会通知。

E. 股东会表决

表决权是股东最核心的权利。

其一，股份有限责任公司是资合性质的公司，必须按“一股一票”行使表决权。

其二，有限责任公司是资合兼人合性质的公司，“按出资比例”表决是资合性的体现，按“一人一票”表决是人合性的体现，承办律师可以根据公司的人合性程度建议公司采用“按出资比例”或“一人一票”行使表决权。即使采用“按出资比例”行使表决权的方式，也可以就全体股东一致同意的特定事项采用“一人一票”的方式表决。

F. 股东会决议

股东会决议是股东会行使权利的方式。

其一，公司法没有规定普通决议通过的标准，承办律师需要在议事规则中区分股东会特别决议和普通决议通过的事项，可以增加需要股东会特别决议通过的事项。一般宜将对公司和股东有重大影响的事项列入需要特别通过的事项。

其二，公司法第三十五条规定了两项股东的“一票否决权”，即：不按出资比例分取红利和增资时不按出资比例优先认缴出资需要全体股东同意。律师可以根据公司的人合性程度，在公司章程中扩大股东的一票否决权适用的事项。

G. 股东会决议的执行

股东会决策机制使其限于决策，而不能执行。股东会决议应由董事会和监事会具体实施承办。为了使股东会决议能够落实，承办律师应在议事规中则载入董事会、监事会向股东会报告决议执行情况的内容。

3. 关于董事和董事会的操作指引

（1）董事

①董事资格

A. 董事是指经公司股东会选举产生并担任董事职务的自然人。董事必须是具有完全行为能力的自然人，但无须持有公司的股权。

B. 承办律师应建议公司规定董事职务任职资格。实践中，一般从董事的年龄、董事的能力和专业知识来考虑董事的人选。提倡董事会成员中有一定比例的会计师和律师。

②董事的提名

董事提名左右着董事的产生，必须合理安排，兼顾各方利益，否则将会成为公司僵局产生的根源。承办律师可以建议公司采纳：在股东间按出资比例分配席位、董事会提名、全体股东协商、有表决权的股东均可提名等方式进行董事提名。

③董事的选举

除职工董事由职工代表大会选举产生外，选举董事是股东会的法定权利，不得予以限制和排除。若公司章程无特别规定，应按照持股比例行使选举权。为了预防控股股东滥用权利，承办律师可以建议股份有限公司采用累积投票权的方式选举董事。

④董事的罢免

为了防止董事违反公司制度、玩忽职守等行为给公司带来重大损失，承办律师应建议公司建立董事罢免程序约束董事的行为。董事的罢免权归属股东会。律师建议公司可以考虑的罢免程序是：股东、董事会或监事会提出罢免议案，向预被罢免的董事发出通知，该董事在股东会上进行申辩，股东会以普通决议方式通过。

（2）董事长

①董事长的产生

股份有限公司董事长以全体董事过半数选举的法定方式产生。有限责任公司没有规定董事长产生的方式，在经咨询确认工商登记部门及有行政许可权的其他部门不予限制的情况下，承办律师可以建议公司按下列方式产生董事长。

A. 全体董事选举产生。

B. 直接由股东会选举产生董事长和副董事长。

C. 按照各股东出资比例，直接在公司章程中规定某一股东提名的董事出任董事长。

②律师还应建议公司设定董事长罢免程序，以约束董事长的行为。

（3）独立董事

A. 独立董事的作用

独立董事作为局外人，独立于与公司股东和高管参与公司决策，所以独立董事制度成为防范“内部人控制”和降低“代理成本”的重要机制。承办律师可以建议有一定规模的有限责任公司和股份有限公司设立独立董事。

B. 独立董事的提名和任命

为确保独立董事的独立性，承办律师应当通过提名和选举表决的方法与程序的设计，将控股股东和管理层对独立董事的影响降到最低。

C. 独立董事的任期

为了防止独立董事长期任职影响其独立性，律师应建议公司规定独立董事连任不超过两届。

D. 独立董事的薪酬

独立董事薪酬的标准要适度，如果过低，则不足以弥补其履行职责所耗费的时间和精力，如果过高，则会产生“收买”之嫌，削弱其应有的独立性。

实践中，独立董事薪酬由津贴和车马费组成。为了激励独立董事的积极性，承办律师可以建议公司将独立董事的利益与公司的效益挂钩，采用现金与离任后公司股票搭配的方式不失为一个好的选择，其既可以保证独立董事在职期间的独立性，又可使独立董事在职时考虑公司的长远利益。

（4）董事会

①董事会的独立性

董事会的独立性是董事会进行客观经营决策和客观评价与监督的基础，是关系到董事会有效运行的首要问题，也是衡量董事会运作质量高低的重要指标。承办律师应高度关注董事会的独立性。董事会的独立性可以从董事会会议频率、董事会审议和表决事项、董事会向股东会/股东大会的提案事项、管理层向董事会报告信息的范围和频度、董事会对管理层的考核与奖惩程序以及独立董事的多少、独立董事在审计委员会、提名委员会和报酬委员会中的比例等方面衡量。

②董事会的职权

董事会职权是指必须由董事会决定的事项。公司法第四十七条规定了董事会的10项法定职权。除法定职权外，公司可以授予董事会其他职权，但承办律师应注意：不允许以任何形式剥夺董事会的法定职权；股东会可以通过股东会决议授权董事会行使股东会部分职权；公司法第五十条对经理职权的规定是任意性条款，所以公司可以通过制定和修改公司章程授予董事会行使部分经理职权；公司应规定权利行使不明时，董事会对公司事务享有排他性的管理权。

③董事会议事规则

A. 为规范董事会议事方式与程序，提高董事会议事效率，保证董事会决策的科学性，切实行使董事会的职权，承办律师应为公司起草董事会议事规则。内容的全面详细和程序的可操作性是律师在完成该项业务时考虑的重点。应由董事会拟定董事会议事规则草案，经股东会以普通决议方式审议通过。

B. 董事会议事规则和公司章程的关系

董事会议事规则包括公司章程相关部分的内容，但议事规则的内容比公司章程更详尽。因为写入公司章程的内容需要股东会特别决议才能修改，所以承办律师应把握董事会议事规则和公司章程内容的重合度，只将关系股东重要权利的议事规则记入公司章程，这样既可以防止股东权利被剥夺，也可以减少董事会议事规则修订的难度。

C. 董事会议事规则的主要内容及注意事项

其一，董事会会议种类。董事会分为定期会议和临时会议。公司法规定，股份有限公司董事会每年至少召开两次，但没有规定有限责任公司董事会召开次数。董事会是公司经营决策机关，召开次数少，则使董事会形式化。为了更好地发挥董事会在公司治理中的作用，公司应制定召开董事会临时会议的情形，承办律师可以在议事规则中规定：代表一定表决权比例的股东提议时、一定比例董事提议时、监事会提议时、经理提议时或者董事长认为有必要时应该召开董事会临时会议。

其二，董事会决议。承办律师应在议事规则中划分董事会决议种类，将董事会决议分为普通决议和特别决议，普通决议经半数董事同意通过，特别决议需 2/3 董事同意通过。议事规则可规定向股东会提交的修改公司章程、利润分配、弥补亏损、重大投资项目、收购兼并等重大问题方案作为特别决议事项。

其三，董事会工作报告。董事会应在年度股东会上报告工作，提交董事会工作报告是董事会的法定义务。为了避免董事会年度工作报告流于形式，确保股东的知情权，律师可以建议在议事规则中确定董事会工作报告的必备内容。

（5）公司经理

①董事长兼总经理

我国公司法对公司治理结构的设置是由经理层实施具体经营管理，董事会通过聘任和考核总经理对其进行监督和控制。如果董事长兼任总经理，则很难界定董事会与经理的职能，破坏了立法者所设计的权力监督体系，可能促成内部人控制，所以通常律师不应建议有一定规模的公司采用董事长兼总经理制度。

②公司经理的职权

律师应建议公司在经理职权不侵犯董事会法定职权的基础上，根据自身需要选择经理的职权，但须注意经理与董事会在财权、人事权限上的划分，防止经理为了追求执业生涯业绩而损害公司的长期持续发展能力。

③承办律师应为公司起草经理工作准则，该准则应包括经理任免程序、经理的任职资格、经理的权限、经理的工作程序、经理权利与义务、经理办公会议、经理定期向董事会报告工作制度等内容。

4. 关于监事和监事会的操作指引

（1）监事

①监事资格

律师应建议公司规定监事职务任职资格。实践中，一般从监事的年龄、监事的能力和专业知识考虑监事的人选。提倡监事有一定的财务和法律方面的知识。

②监事的提名

为确保中小股东的利益，保障监事会的中立性，可考虑适当限制大股东监事提名权利。承办律师可以建议公司采纳的方式包括但不限于：第一大股东提名的监事不能超过监事总数的一定比例；同一股东不得同时提名董事、监事；排除董事会提名监事的权利。

③监事的解任

为保证监事独立行使职权，承办律师可以建议公司规定监事解任制度：监事解任必须经股东会决定，且被解任监事应有权以口头方式或书面形式陈述意见。监事任期未满即将其非法解任的，公司应承担赔偿责任。

④监事的权利

为了更好地履行职责，监事应享有知情权、对董事会决议的质询和建议权、列席董事会会议权。董事会有义务确保监事的上述权利得到落实。为了避免监事之间的掣肘，承办律师可以建议公司采取监事单独行使职权制度，监事会对个别监事的行为不进行限制。

⑤监事的责任

为确保监事能够有效履行职责，承办律师可以建议公司加重监事的责任。如要求监事对公司对外披露的信息具有核实义务，对其真实性、完整性负责。

（2）监事会主席

法律规定监事会主席必须由监事过半数选举产生，国有企业、国有重点金融机构监事会主席由国务院任命。与其他监事相比，监事会主席还享有召集和主持监事会会议的法定权利。为了有效发挥监事会的监督作用，承办律师可以建议适当扩大监事会主席的权利，例如监事会主席享有督促、检查监事会会议决议执行，监事会主席在监事会闭会期间行使监事会部分职权。

（3）监事会

监事会职权是指必须由监事会决定的事项。公司法第五十四条规定了监事会的6项法定职权，监事会的法定职权不允许剥夺和限制。针对监事会形同虚设的现实，应赋予监事会一些具体的、行之有效的职权，可供承办律师选择的监事会的约定职权包括但不限于以下方面。

第一，定期、不定期监督审查财务预算的编制、执行、分析和考核以及决算报告的编制。

第二，随时调阅公司的有关会计报表、合同、收据、信函、借款凭证以及其他显示公司财务状况变化的一切表册和资料，监事会有权为此目的而委托某个监事会成员，或者为了某些特定的任务而委托法律、财务、审计专业机构和人员以及其他相关专家。

第三，随时向董事、经理及财务人员要求有关业务报告、财务报告或调查公司的业务状况、检查公司的财产状况，请求董事会成员就专门事项作出说明。董事、高级管理人员应当如实向监事会提供有关情况和资料，董事会或董事不得以属于公司秘密等理由拒绝，不得妨碍监事会或监事行使职权。

第四，监事会对董事会提交的财务报表和工作报告书进行审查。董事会每个年度制作的工作报告和财务会计报告应提交监事会并由其分别确认和审查，监事会应当在年度股东会上提交审查报告，并发表独立意见，该意见至少应包括对董事会报告是否提出异议，以及是否承认。

第五，监事会有请求董事、经理停止违法行为的权力，即当董事、经理进行或者可能进行超出公司目的范围的行为或者其他违反法令、公司章程的行为，并且该行为有可能显著损害公司利益的时候，监事会可以请求该董事、经理终止该行为。

第六，监事会必须就董事会向股东大会提交的议案、文件等材料的真实性、合法合规性进行审查。如果认为存在违反法律或者公司章程，或者其他显著不当的事项的，监事会必须向股东会进行报告。

第七，对于国有控股公司或多数董事由高级管理人员兼任的公司，承办律师可以建议公司章程规定监事会的“同意保留权”，即公司章程可以规定某些特定类型的业务必须首先得到监事会的同意，然后才能展开。如果监事会拒绝同意，董事会应当召集股东会提请审议，只有股东会以较高比例（例如 3/4 以上）的多数否决监事会的反对意见后，董事会才可以开展相应的业务。如果董事会未经股东会审议且决议即开展了相关的业务，那么该业务对外关系应该为有效，但同意该业务的董事必须承担损失赔偿责任。

第二章　企业交易的合同法律实务操作

企业的交易行为大都通过签订合同的方式进行,那么如何签订合同、履行合同？什么情况下会导致合同的无效？在合同履行过程中，如果有一方有违约行为还如何处理？，等等，都是企业在交易过程中可能会遇到的问题。

律师作为法律专业工作人员，在民事活动中，起草和审查合同是诉讼律师和非诉讼律师均要掌握的一项基本业务。要使合同合法、完备、可行，律师就必须从合同的原则，合同的法律关系，合同的效力及合同当事人的责任等多方面，全方位地进行审查。

本章主要探讨合同的订立、合同审查及风险管理、合同的效力、履行与保全、违约责任、律师承办合同审查及关联交易业务操作指引。

一、合同的订立

（一）合同的形式

《民法典》第四百六十九条　当事人订立合同，可以采用书面形式、口头形式或者其他形式。

1. 书面形式

书面形式是合同书、信件、电报、电传、传真等可以有形地表现所载内容的形式。

以电子数据交换、电子邮件等方式能够有形地表现所载内容，并可以随时调取查用的数据电文，视为书面形式。

2. 口头形式

3. 其他形式（主要是指默示的形式）

例 1：张某因生活需要与王某签订房屋租赁合同，合同约定张某每月向王某支付租金 1000 元，租期为 2 年。2 年期满后，双方并未进行续约，但张某每月照常支付租金，而王某也接受。问：张、王之间是否还存在租赁关系？

答：仍存在租赁关系，租赁合同转为不定期租赁。房屋租赁合同期满后，双方未通过书面或口头形式续约，但承租人继续交租金，出租人依然接受租金的，属于默示的形式。

例 2：甲公司由于生产经营需要向乙公司购买一批车床，但为了更好地了解该批车床的性能及质量，甲乙双方签订了试用买卖合同。合同约定，甲公司可以适用该批车床一个月，如该批机床不符合要求，甲方可以不购买。试用期从 2021 年 3 月 1 日起至 3 月 31 日止，适用期届满后甲公司并未对是否购买作出意思表示。问：双方的买卖合同是否生效？如果甲方到了 4 月 10 日仍未付款，乙方是否可以要求甲方付款？

答：生效。可以要求。

《民法典》第六百三十八条　试用买卖的买受人在试用期内可以购买标的物，也可以拒绝购买。适用期限届满，买受人对是否购买标的物未作表示的，视为购买。

以上两个案例均属于书面和口头合同之外的形式，也就是采用默示的方式订立合同。

默示的形式是指当事人不直接用口头或书面形式进行意思表示，而是通过实施某种行为或者以不作为的沉默方式进行意思表示。

第一，通过实施某种行为，如前述的租赁案例。

第二，以不作为的沉默方式进行，注意：以不作为的默示方式进行意思表示必须是在法律有规定或者当事人约定可以采取默示的方式的，才可以视为意思表示。如：前述的例 2 中，认定试用期满后，甲如果不做表示的，视为购买，就是法律明确规定的。

例 3：甲公司和乙公司签订一份产品购销合同，合同约定甲向乙提供 100 台电脑，乙在收到货款后 3 日内付款。在乙公司付款后的第 2 日，甲公司又向乙公司发出传真，通知乙公司如果电脑有质量问题必须在一周内告知甲公司，如果不告知即视为电脑质量状况良好，甲公司不再承担责任。乙公司对此并未理会。问：乙公司未回复的行为是否构成不作为的默示？如果在一周之后电脑出现问题，乙公司可否要求甲公司进行维修？

答：不构成，甲公司的传真属于单方行为，且法律未规定乙公司未答复的行为视为乙公司同意，双方也没有约定。因此，甲公司的单方通知行为对乙公司无约束力。

（二）合同的内容

合同的内容可以由当事人约定。一般包括：当事人的名称或者姓名和住所；标的；数量；质量；价款或者报酬；履行期限、地点和方式；违约责任；解决争议的方法。当事人可以参照各类合同的示范文本订立合同。

（三）格式合同与格式条款

1. 何谓格式条款

《民法典》第四百九十六条　格式条款是当事人为了重复使用而预先拟定，并在订立合同时未与对方协商的条款。

采用格式条款订立合同的，提供格式条款的一方应当遵循公平原则确定当事人之间的权利和义务，并采取合理的方式提示对方注意免除或者减轻其责任等与对方有重大利害关系的条款，按照对方的要求，对该条款予以说明。提供格式条款的一方未履行提示或者说明义务，致使对方没有注意或者理解与其有重大利害关系的条款的，对方可以主张该条款不成为合同的内容。

2. 格式条款无效的情形

《民法典》第四百九十七条　有下列情形之一的，该格式条款无效：

（一）具有本法第一编第六章第三节和本法第五百零六条规定的无效情形；

（二）提供格式条款一方不合理地免除或者减轻其责任、加重对方责任、限制对方主要权利；

（三）提供格式条款一方排除对方主要权利。

第一百四十四条　无民事行为能力人实施的民事法律行为无效。

第一百四十六条　行为人与相对人以虚假的意思表示实施的民事法律行为无效。

以虚假的意思表示隐藏的民事法律行为的效力，依照有关法律规定处理。

第一百五十三条　违反法律、行政法规的强制性规定的民事法律行为无效。但是，该强制性规定不导致该民事法律行为无效的除外。

违背公序良俗的民事法律行为无效。

第一百五十四条　行为人与相对人恶意串通，损害他人合法权益的民事法律行为无效。

第五百零五条　当事人超越经营范围订立的合同的效力，应当依照本法第一编第六章第三节和本编的有关规定确定，不得仅以超越经营范围确认合同无效。

第五百零六条　合同中的下列免责条款无效：

（一）造成对方人身损害的；

（二）因故意或者重大过失造成对方财产损失的。

3. 对格式条款的理解发生争议的解决

《民法典》第四百九十八条　对格式条款的理解发生争议的，应当按照通常理解予以解释。对格式条款有两种以上解释的，应当作出不利于提供格式条款一方的解释。格式条款和非格式条款不一致的，应当采用非格式条款。

二、合同审查及风险管理

（一）合同审查

合同审查就是按照法律法规以及当事人的约定对合同的内容、格式进行审核。要审查合同如何成立或者是否成立，如何生效，或者是否生效，有无效力待定或者无效的情形，合同权利义务如何终止或者是否终止，相应的合同约定或者条款会产生什么样的法律后果呢，会产生什么样的民事法律关系，什么样的行政法律关系，什么样的刑事法律关系。与我方的期待有多大距离。审查过程中，要时刻考虑法律后果概念。使法律后果概念贯穿前面三个环节每一环节。因为任何一个环节出现问题或者发生特定的情况都会导致特殊的法律后果发生。

1. 审查方法

（1）合同条款的审查

基本的步骤和方法就是合同条款的审查. 全面细致地对合同条款逐一审查，这是审查合同的基本方法. 但审查应该有重点。有三方面内容必须审查：一看合同的主体，二看合同的标的，三看合同的数量条款。此三者为合同的必备条款。无此三者则合同不能成立。对于特定合同按照特定合同的特点和要求对其必备条款进行审查，查漏补缺。

（2）文字审查

合同是文字的游戏，使用规范的语言能够避免误会防止争议的发生。

（3）合法性审查

主要审查是否违反法律强制性规定，合同的无效问题。

（4）涉他权利审查

合同标的可能涉及他人知识产权或者其他利益，应该进行审查，避免侵权。

（5）清洁条款审查

清洁条款的审查很重要。在科技发达的当今社会仿制模仿的技术非常高了，清洁条款对于避免纠纷发生很重要。

2. 审查内容

（1）审查合同主体是否合法

审查合同主体的合法性时，应审查签订合同的当事人是否是经过有关部门批准成立的法人、个体工商户；是否是具备与签订合同相应的民事权利能力和民事行为能力的公民；审查法定代表人或主管负责人的资格证明；代订合同的，要审查是否具备委托人的授权委托证明，并审查是否在授权范围、授权期限内签订合同；有担保人的合同，审查担保人是否具有担保能力和担保资格。

（2）审查合同内容是否合法

审查合同内容的合法性时，应当重点审查合同内容是否损害国家、集体或第三人的利益；是否有以合法形式掩盖非法目的的情形；是否损害社会公共利益；是否违反法律、行政法规的强制性规定。

（3）审查合同意思表示的真实性

（4）审查合同条款是否完备

（5）审查合同的文字是否规范

审查合同时，应对合同草稿的每一条款、每一个词、每一个字乃至每一个标点符号都仔细推敲、反复斟酌。确定表述准确无误。

（6）审查合同签订的手续和形式是否完备

①审查合同是否需要经过有关机关批准或登记，如需经批准或登记，是否履行了批准或登记手续。②如果合同中约定须经公证后合同方能生效，应审查合同是否经过公证机关公证。③如果合同附有生效期限，应审查期限是否届至。④如果合同约定第三人为保证人的，应审查是否有保证人的签名或盖章；采用抵押方式担保的，如果法律规定或合同约定必须办理抵押物登记的，应审查是否办理了登记手续；采用质押担保方式的，应按照合同中约定的质物交付时间，审查当事人是否按时履行了质物交付的法定手续。⑤审查合同双方当事人是否在合同上签字或盖章。

3. 审查事项

（1）合同主体的审查

审查合同主体时，应重点审查是否具备签订及履行合同的资格。对于企业法人，审查重点是是否拥有合法、有效的《企业法人营业执照》，经营范围、经营方式是否与合同相适应，对于某些限制经营、特许经营等特别行业，是否有相应的经营许可。代订合同的，还应当审查代理人是否具备委托人的授权委托证明，是否在授权范围、授权期限内签订合同。有担保人的合同，应当审查担保人是否具有担保能力和担保资格。

（2）审查合同条款是否完备

应按照合同的性质，依据相应的法律法规的规定对合同条款进行认真审查，确定合同条款有无遗漏，各条款内容是否具体、明确、切实可行。避免因合同条款不全和过于简单、抽象、原则，给履行带来困难，为以后发生纠纷埋下种子。

（3）合同双方真实意思表示

我国《民法典》规定，重大误解，显失公平的，以欺诈、胁迫的手段或者乘人之危，使对方在违背真实意思的情况下订立的合同，受损害方有权请求人民法院或者仲裁机构予以撤销。

第一百四十七条　基于重大误解实施的民事法律行为，行为人有权请求人民法院或者仲裁机构予以撤销。

第一百四十八条　一方以欺诈手段，使对方在违背真实意思的情况下实施的民事法律行为，受欺诈方有权请求人民法院或者仲裁机构予以撤销。

第一百四十九条　第三人实施欺诈行为，使一方在违背真实意思的情况下实施的民事法律行为，对方知道或者应当知道该欺诈行为的，受欺诈方有权请求人民法院或者仲裁机构予以撤销。

第一百五十条　一方或者第三人以胁迫手段，使对方在违背真实意思的情况下实施的民事法律行为，受胁迫方有权请求人民法院或者仲裁机构予以撤销。

第一百五十一条　一方利用对方处于危困状态、缺乏判断能力等情形，致使民事法律行为成立时显失公平的，受损害方有权请求人民法院或者仲裁机构予以撤销。

（4）合同内容的合法性审查

保证合同的有效性，乃义不容辞的责任。审查合同内容的合法性时，要特别注意我国民法典第一百四十四条、第一百四十六条、第一百五十三条、第一百五十四条、第五百零五条、第五百零六条的规定和一些特别法的相应规定。应当重点审查合同内容是否损害国家、集体或第三人的利益；是否有以合法形式掩盖非法目的的情形　是否损害社会公共利益　是否违反法律、行政法规的强制性规定。合同个别条款无效并不导致整个合同无效，整个合同无效并不导致合同约定的仲裁条款无效。当合同个别条款无效时，只需修改该个别条款；当整个合同无效时，就要放弃当事人提供的合同草稿，重新起草一份新的合同。

（5）合同内容的合理性审查

关于合同的合理性审查，就是审查合同内容是否合情合理。

（6）审查合同的文字是否规范

审查合同时，应对合同草稿仔细推敲、反复斟酌。确定合同中是否存在前后意思矛盾、词义含糊不清的文字表述，并及时纠正容易引起误解、产生歧义的语词，确保合同的文字表述准确无误。委托人有时为了强调某件事，用词激烈如："必须、绝对"等等，其实不可不必，上述用词只能引起相对方的反感，并无特别的法律效果，"应当"已经可以表明意思。合同用词不能使用形容词如"巨大的""重要的""优良的""好的""大的""合理的"等等，避免使用模棱两可的词语如"大约""相当"，亦不要泛指如"一切""全部"（若必须用该字眼，就应写下"包括但不限于"），简称必须有解释，容易产生误解和歧义的词语要定义，用词要统一，标点符号亦不可轻视。俗话说：一字值千金，在合同上表现尤为突出，可谓一字之差，谬之千里。合同用语不确切，不但使合同缺乏可操作性，而且还会导致纠纷的产生。

（7）审查合同签订的手续和形式是否完备

①如需经批准或登记的合同，是否约定了办理批准或登记手续的责任。②如果合同中约定了经公证后合同方能生效，应审查合同是否经过公证机关公证。③对于附期限和条件的合同，应审查期限和条件的规定。④如果合同约定第三人为保证人的，应审查是否有保证人的签名或盖章；采用抵押方式担保的，如果法律规定或合同约定必须办理抵押物登记的，应审查是否办理了登记手续；采用质押担保方式的，应按照合同中约定的质物交付时间，审查当事人是否按时履行了质物交付的法定手续。⑤审查合同双方当事人是否按合同约定签字或盖章。

（二）合同风险管理

我国《民法典》自2021年1月1日起施行，《合同法》同时废止。《合同编》的条文数量占《民法典》总条文数量的近一半，规定了买卖、租赁、借款、能源供给、运输、委托、服务等十九类典型合同，足见合同之普遍和重要。合同类型多，合同风险亦复杂。风险，一般指事件发展过程中，因各种不可控因素介入造成损失的可能性。而合同风险，则是指合同签订、履行过程中，因各种不可控因素给当事人造成损失的可能性。[①] 从现实情况看，合同风险客观存在，难以避免。但如果提前识别、预判合同风险，采取有效管理措施，便可以大幅降低甚至消除其在某一具体合同中的发生概率、损害程度，最大程度保障合同顺利履行，进而保护合同主体的合法利益。

① 朱锦余. 合同风险管理与内部控制 [M]. 大连：大连出版社，2010：3.

1. 常见合同风险

（1）主体风险

主体风险是指与合同主体自身相关的一些风险，主要包括年龄、辨认能力、资质、违规违法等方面的风险。

①年龄风险

与自然人签订合同，要注意其年龄问题。不满八周岁的人为无民事行为能力人，不能自行签订合同，应由其法定代理人代理实施，否则签订的合同属无效合同。在当今社会，未成年人是否已满八周岁并非仅靠观察就能够判断，对于此年龄段未成年人进行的诸如购买物品等合同行为，很多人早已司空见惯，但此种行为却与法律规定相违。八周岁以上的未成年人签订合同应由其法定代理人同意、追认，例外情形是可以作为受赠方接受赠与或签订与其年龄、智力状况相适应的合同。但何为相适应要具体问题具体分析，不可一概而论。

②辨认能力风险

此类风险的关键点在于主体因智力状况等原因不能辨认自己的行为却与他人进行合同交易，包括成年人、八周岁以上未成年人。一旦与上述主体进行合同交易，便有极大可能会引发合同无效、被撤销等法律后果，给另一方当事人甚至双方带来损失。

③资质风险

此类风险主要是指公司、企业在生产、经营资质等方面存在问题，从而给合同相对方带来损失的可能性。现实中，有些公司、企业的营业执照已过有效期或被吊销，但仍然在对外经营；有些公司、企业经营范围造假却诱使他人签订合同；有些公司、企业不具备如生产、建设、集成、代理、环保认证、建筑等级等资质，却仍然参与投标、选商等活动；有些公司、企业的财务状况不符合要求或已进入破产程序等。如果合同经办、审查人员对此类风险点审查不仔细，便会为后期履行合同埋下隐患。

④违规违法风险

违规违法风险主要表现为行为主体主观上故意实施违规违法行为，虚假操作，隐瞒事实真相，从而达到利己之目的。例如利用关联交易获取违规利益、隐瞒此前生产经营过程中的违法犯罪行为、在投标过程中提供虚假资料、虚构生产经营场所或者虚构具有某种生产经营能力等。此类行为可能会使相对方陷于错误认识而与其签订合同，从而带来损失风险。

（2）履行风险

履行风险指的是合同履行过程中常见的风险，主要包括标的风险、期限风险、价款风险、交付风险、验收风险等。

①标的风险

主要表现为合同约定的标的不符合国家法律法规规定。例如毒品等违禁品、从非特许渠道获取的特许经营物、可能侵害他人知识产权的标的物、未经国家有关部门审批的金融产品及其衍生品等。上述行为涉嫌违法甚至犯罪，风险极大。

②期限风险

主要是指交货期、服务期、工期、验收期、质保期等期限约定不明或难以执行的风险。例如交货期、服务期、工期、验收期未明确自然日还是工作日，时间起算点仅约定为从合同签署之日起计算，但未约定以哪一方签署日期为准；验收期未明确第一次验收不合格后整改方的整改时限；质保期起算点不明确或不符合法律规定。

③价款风险

价款风险是价格确定、付款过程中存在的风险。一是价格确定方面。有些合同仅约定了单价，但对标的物的数量约定不明，义务履行方可能会通过虚报数量抬高总价，常见于施工合同、装修合同、修理合同等。有的合同约定了总价，但对义务履行方要完成哪些义务约定不细致、不明确，致使履约效果大打折扣，常见于施工合同、装修合同、技术服务合同等。二是付款方面。常见的有对于合同总价是否含税没有约定或约定不明，导致结算“扯皮”；还有未事先在合同中明确收款方银行账户信息，付款时出现多账户收款，收款方“抵赖”未收到全款；还有前期付款比例过高，收款方前期收款后拖延履行义务甚至“跑路”。

④交付风险

指合同标的物交付过程中常见的风险，包括标的物交付前毁损、灭失的责任由谁承担没有约定或约定不明；交付过程中交付一方声明保留所有权直至款项付清；分批次交付但质保期笼统计算；交付地点约定不明导致交付环节出现问题等。

⑤验收风险

第一是验收标准太笼统，对标的物的验收起不到实质性作用。出现这种情况一般是因付款方对标的物及其合格标准不了解，义务履行方在合同中故意弱化验收标准等。第二是约定交付完成即视为验收导致验收“名存实亡”。第三是验收标准详细但操作性不强。具体表现为验收标准客观上同标的物的功用匹配性弱，或者是简单套用行业标准而未考虑标的物的实际属性等。第四是义务履行方在合同中约定了单方验收条款，付款方未及时验收触发单方验收条件时视为验收合格，对付款方构成不利。

（3）争议解决风险

争议解决风险指的是因履行合同发生争议，而合同条款中对争议点事先没有约定或约定不明时引发的风险。常见的有违约责任风险、适用法律风险、争端裁决风险等。

①违约责任风险

违约责任条款是合同的主要条款，是合同顺利履行的保障。实践中，有的合同没有约定违约责任，实际发生违约时违约责任难以认定；有的合同虽然约定了违约责任但表述模糊笼统，起不到实际作用；有的合同只约定了单方违约责任，违背了公平原则；有的合同则加重或者减轻一方责任，对另一方不利。

②适用法律风险

涉外合同，比如跨国贸易合同、国际运输合同、赴外培训合同等，经常会涉及适用不同国家、地区法律的问题。如果对合同适用哪个国家、地区的法律没有约定或者约定不明，发生纠纷时首先面临的就是法律选择问题，在实践中往往会让合同主体陷入法律选择的争端与纠纷之中。

③争端裁决风险

因合同履行发生纠纷时，选择仲裁还是诉讼，还是两者都选？仲裁和诉讼作为解决合同履行纠纷最常见的两种方式，各有优缺点。有些合同当事人为了求全，在合同中同时约定两种方式，一旦发生纠纷，却首先陷入了选仲裁还是选诉讼解决争议的尴尬局面（根据相关法规，两者都约定的，仲裁协议无效。但一方向仲裁机构申请仲裁，另一方在规定期间内提出异议的除外）。还有些合同当事人约定原告所在地或被告所在地法院管辖，但可能会发生双方同时起诉、法院同时受理的情况，虽然司法实践对此有解决方案，但同样会给双方当事人带来诉累。

2. 常见合同风险的管理措施

（1）主体风险管理措施

①年龄风险管理措施

现实中，常与未成年人发生合同交易行为的超市、饭店、饰品店、文具店、奶茶店、烧烤店（摊）、网吧、游戏厅等日常经营场所就涉及年龄风险管理。要预防此种风险，可行的方案是坚持保守估计原则，即综合身高、衣着、言谈举止、询问、谈话、随行同伴等因素判断年龄，当怀疑未满八周岁时，克制利益诱惑和交易冲动，坚决不与其发生交易。这种怀疑不论程度大小和理由充分与否均应坚持，以防止交易无效给自身带来损失，甚至引发监护人、司法机关介入。同样的原则方法可以用来判断八周岁至十八周岁未成年人。不同的是此年龄阶段的未成年人购买学习用品、日常生活用品的行为一般有效，但应禁止的合同行为至少包括购买烟酒、危险用具、成人用品、限制级文字、影视作品等与其身心成长无关甚至有害的物品。当该年龄阶段的未成年人购买学习用品、日常生活用品金额较大时，也应联系其监护人确认购买行为。

②辨认能力风险管理措施

行为异常、说话方式异于常人、智力状况与年龄不符等都可以作为判断辨认能力的提示点。辨认能力贯穿于自然人的整个生命过程，其在法律上发挥作用是自然人满八周岁以后直至死亡。辨认能力的判断要结合个体的自身情况和社会经验。与辨认能力受限的人进行合同交易的关键是看该交易是否与其年龄、智力相匹配。与年龄不相匹配不能交易，与智力不相匹配不能交易，与年龄、智力均不匹配更不能交易。在年龄无疑的场合，通过反复询问、确认其对交易行为、所购物品或服务的认识和用途、钱款来源等，便可以有效判断其辨认能力，如果辨认能力不足便坚决不与其进行相应的交易。

③资质风险管理措施

资质风险主要来源于公司、企业等。对公司、企业的资质审查最好在合同签订前完成。审查的范围要尽可能全面：营业执照、授权委托书、企业信用公示信息、经营范围、实缴和注册资本比例、企业员工人数和缴纳社保人数比例，是否存在出质、抵押，是否受到过严重的行政处罚，是否被列入经营异常名录或严重违法企业名单，经营场所、联系方式是否属实，法定代表人、大股东是否被列入失信执行人名单；涉及签订工程类合同时，还要注意审查施工许可证、安全生产许可证等；涉及特殊产品或服务时，还需要注意特殊类产品或服务的经营类资质，如医疗器械类产品的生产经营证书、烟草类产品的生产经营证书、消防类产品的生产经营证书、环保类行业经营资质等。此外，财务状况也可以反映资质方面存在的风险，财务状况可以从财务报表当中查看。资产负债率过高、现金流断裂、商誉估值过高、净利润现金含量过低、净资产收益率过低、应收账款比例过高等都可以从侧面反映一个企业的经营异常状况。[①]

④违规违法风险管理措施

合同相对方是否存在违规违法风险，一是看过去是否存在违规违法行为。可以从企业住所地的工商网站或信用中国、天眼查等 App 或小程序查询相对方的工商信息，其中就有是否存在违规违法行为的信息记录。通过裁判文书网输入相对方名称等关键词，就可以查询到相对方及其主要负责人是否受过刑事处罚。二是看相对方生产经营行为的合规合法程度。通过对过去到现在一段时间的涉法行为分析，结合相对方的业界口碑、消费者评价等因素，基本就可以判断相对方合规合法方面的基本情况，再据此作出是否与其签订、履行合同的决定。三是在招投标过程中要核实对方的经营场所、生产场地等实际情况，避免与名不符实的供应商合作。

（2）履行风险管理措施

①标的物风险管理措施

标的物风险管理的关键在于识别。

一是识别标的物是否属法律法规明令禁止交易、流通的物品。例如毒品、管制刀具、枪支弹药、国家级野生保护动物（植物）及其制品、国家机密、商业机密、个人信息等。二是识别标的物是否属特殊情形下禁止运输、携

① 林哲尧，施寅国. 房地产现金流与股价相关性的实证研究 [J]. 现代经济信息，2014（17）：267.

带的物品。例如易燃易爆物品、危险化学品一般车辆禁止运输，特殊液体、带压力容器、打火机、刀具、超过一定容量的蓄电池禁止个人携带上航空器。三是识别标的物的交易是否需要审批或特殊经营许可。例如电信业务、金融业务、典当业务、药品销售业务等，都需要经过相关主管部门审批或许可，签订此类合同前，一定要注意了解对方是否有相关审批或许可手续以及是否在有效期内。

②期限风险管理措施

期限风险管理的关键在于判断。

第一是判断期限是否明确。不论交货期、服务期、工期、验收期、质保期等期限均要具体而明确。首先，起算点要明确。例如交货期、服务期的起算点一般表述为“自双方签字、盖章之日起/自合同签订之日起/自合同生效之日起”。工期的起点则更加具体，一般表述为“计划开工时间：某年某月某日”。验收期一般表述为“自收到/签收货物后多少个自然日（工作日）之内组织验收”。质保期一般表述为“自货物/服务验收合格之日起”。其次，截止日要明确。例如工期的截止日一般表述为“计划竣工时间：某年某月某日”。服务期的截止日一般表述为“至某年某月某日”。

第二是判断单位是否明确。例如交货期、服务期、验收期仅约定为日容易产生争议，应当约定为工作日或自然日。如果希望对方在工作日的上班时间交货、完成服务或配合验收，还应当约定到具体的时间点，如“某日 17：00 前交货、完成服务或配合验收”。

第三是判断期限是否合理。结合货物、服务、工程的性质、规模、金额、复杂度、相对方的实力、过往的交易习惯、行业惯例等因素，判断期限是否合理。期限过长对需求方及时实现合同目的是一种阻碍，但期限过短也应当注意。期限过短可能出现相对方为尽快完成交易敷衍了事，导致货物或服务不符合标准。

③价款风险管理措施

价格是合同的主要条款之一，预防价款风险的关键在于细致。

第一，价格往往对应着商品的数量、单价。现实中，存在一些单价合同仅约定了单价而未约定数量的情况。对于不熟悉合同标的等内容的付款方来说，可能会出现合同相对方履行合同过程中通过虚报数量抬高合同最终结算价的情况。对于此，付款方前期应尽可能和对方就合同的主要内容充分进行沟通，全面了解合同内容、义务履行方式，做到心中有数。必要时，可让对方提供施工方案、服务方案、产品方案等义务履行方案，方案中要对工作量、工程量或者产品数量有较为准确的预估。在单价确定的情况下得出预估价，并在合同中约定合同最终结算价与预估价的正负偏离比例，一旦正偏离超出一定比例，则增加的部分由对方自行承担。

第二，对于合同履行内容要尽可能确定、详细。涉及施工类合同时要有详细的施工图纸、施工方案等。涉及技术服务类合同时要有详细的技术方案、功能参数列表、阶段性验收条件等。这些都和付款直接相关，值得引起高度重视。

第三，约定价格一定要明确是否含税，最好约定价款中已经包含所有税费，付款方除此之外不再支付其他任何费用，否则后期结算时很容易出现双方就价格是否含税“扯皮”的情况。

第四，合同中要约定唯一的收款账户，用于付款方支付合同款项，未约定收款账户、约定多个收款账户都会给付款方带来付款风险。作为付款方，最好在拟制付款条款时和合同履行前期控制付款比例，以督促对方更好更快地履行义务，同时缓解资金压力、降低付款风险。

④交付风险管理措施

第一是交付前标的物毁损、灭失的风险负担要划分清楚。作为付款方，建议在签订时约定标的物在交付前毁损、灭失的风险由对方承担。如果对方不愿承担此风险，则可以要求对方为标的物投保，且要确保理赔金额能够覆盖付款方的损失。

第二是警惕义务履行方在合同中约定的保留所有权条款。此种条款一般约定付款方未付清款项前，义务履行方保留标的物所有权。此种保留实际上只是完成了标的物占有的转移，而未完成所有权的交接，导致付款方虽然付出了一定数额的款项，但仍然不具有处分标的物的权利。一般来讲，付款方对于此种约定应不予接受。

第三是货物分批交付时，每批次货物的质保期应当从当次交付、验收完成后起算，而非笼统地约定“质保期多少年（月）”。

第四是标的物交付地点不能仅约定为“某某方指定地点”，否则视为约定不明。交付地点约定不明对于实际交货、管辖、验收、付款等均会产生不良影响，建议交付地点明确为省/市/县，并具体到镇乡村社或街道名称以及门牌号，同上附上接收人的姓名和联系方式。

⑤验收风险管理措施

降低验收风险要坚持的原则是前期尽可能多地对标的物有所了解。

第一，无论交易的标的物功用复杂与否，合同签订前付款方都有必要通过亲身试验、实体考察、网络查询、咨询业内人士等方式尽可能多地了解标的物。这样在签订合同时才能够制定有效的验收条款，识别合同相对方是否设置陷阱。

第二，对于功用复杂、价值较大的标的物，尽量细化验收标准。验收标准内容较多时，可以附件形式单列到合同之后。

第三，标的物的质量、功能、合格标准、环保标准至少要符合国家标准，没有国家标准也要符合行业标准。

第四，付款方签署合同前要注意仔细查看验收条款，防止相对方在合同中“夹带”单方验收条款，如“货交买方即视为验收合格”“付款方收到货物后三日内未组织验收视为验收合格”等类似表述。此等表述既有可能约定在验收条款中，也有可能夹杂在交货、付款、违约责任等处。按照标的物的性质、功能等客观属性，验收一般分为清点数量验收、检查外观包装完整性、开箱验收、测试验收、试用后验收、测评（评审）后验收等。单方验收实际上空置了验收条款，对付款方极为不利。因此，熟悉标的物本身、根据标的物的性质选择合适的验收方式、细化验收条款、避免验收陷阱，才能够有效避免验收风险。

（3）争议解决风险管理措施

①违约责任风险管理措施

一是违约责任要具体。有些合同中仅用“如果发生违约，则由违约方承担违约责任”等类似的一句话表述违约责任。这样的约定在实际发生违约时不会有任何实质性作用。较为妥当的约定方式是结合合同标的物属性、合同主体履行义务的主要内容等具体情况逐条列出违约情形，明确发生违约情形时的惩罚措施。二是违约责任要体现公平原则。无论合同主体是双方还是多方，在法律地位上是平等的，这就要求违约责任要体现平等原则。

合同履行中不论是付款方或者货物、服务提供方哪一方具有一定优势，都不应当将这种优势转化为不平等违约责任甚至单方违约责任。

②法律适用风险管理措施

涉外合同的显著特征是合同相对方地处不同国家或地区、义务履行需要在国外进行，由此就会涉及合同行为适用不同法律的问题。税费、管辖、禁止交易等方面，国外和国内都可能存在差异。因此，涉外合同要在合同中约定发生争议时适用哪个国家、地区的法律。涉及诸如美国等联邦制的国家，如果适用该国法律，还要约定具体适用哪个州的法律。涉外合同对于法律适用一定要约定清楚，否则出现纠纷时付出的时间、人力、财力、物力成本将更大。

③争端解决风险管理措施

争端解决条款适用于双方就履行合同、违约责任承担等无法协商一致时寻求第三方裁决机构居中裁决的情形。不恰当的管辖约定方式是既选择诉讼又选择仲裁，在合同中通常表述为发生争议无法协商一致时，向某仲裁机构申请仲裁或向某人民法院起诉。仲裁的优点是较为快速，缺点是无法追加第三人且一裁终局。在争端不仅涉及合同当事人还涉及第三人时，仲裁的结果易被质疑；诉讼的优点是可以根据案件情况追加第三人且两审终审，缺点是诉讼时间较长。合同主体在签署合同时，要根据自身情况、双方合意选择争端解决方式；仅约定由原告、被告住所地法院管辖也不能确定唯一的法院，如果双方同时起诉法院同时受理，也会陷入管辖争议。约定合同履行地、交货地或服务所在地等法院管辖，甚至直接约定一方所在地含地名的法院管辖，都可以有效解决管辖争议。

三、合同的效力、履行与保全

（一）合同的效力

合同的效力是要说明，当事人签订的合同是否有效的问题。

1. 合同的成立与生效

第一，依法成立的合同，自成立时起生效。

第二，法律、行政法规规定应当办理批准、登记手续等生效的，自依法办理批准、登记手续后生效。

第三，附条件的合同。当事人可以在合同中约定生效的条件，条件成就时，合同生效。如：甲乙约定，如果甲的儿子能考上大学，甲就请乙全家在德月坊吃饭。

第四，附期限的合同。当事人可以在合同中约定生效的期限，期限到来时合同生效。如：如：甲乙约定，2021 年 12 月 28 日，甲请乙全家到德月坊吃饭。

如何区别是附条件还是附期限？附期限的合同中所附期限是一定会到来的；而附条件的合同中所附的条件能否实现却又不确定性。

第五，由此可知，合同的成立和生效是不同的概念，通常情况下合同成立即生效，但有时合同成立了却并未生效，只有当生效事由到来时才能生效。

2. 合同生效的要件

（1）订立合同的当事人要具有相应的民事能力

包括自然人；法人；其他组织，如，合伙企业、个人独资企业、个体工商户、非法人公益性团体，等等。

（2）意思表示真实。

合同的内容是双方真实意思的表示，如果合同内容当事人的真实意思表示不符，就意味着当事人的意思自治原则受到了侵害。此时，会导致合同的无效或者被撤销。（前文提到的我国《民法典》一百四十七条、一百四十八条、一百四十九条、一百五十条、一百五十一条的规定和第一百四十四条、第一百四十六条、第一百五十三条、第一百五十四条、第五百零五条、第五百零六条的规定）

3. 效力待定的合同

有时当事人签订的合同欠缺合同的生效要件，这种合同既非有效，也非无效，效力出于不确定的状态。如果在一定的期限内有权进行追认的人进行追认，则合同有效；在一定期限内有权追认的人未进行追认的，合同无效。

（1）无民事行为能力或限制民事行为能力人依法不能独立订立的合同

《民法典》第十九条　八周岁以上的未成年人为限制民事行为能力人，

实施民事法律行为由其法定代理人代理或者经其法定代理人同意、追认；但是，可以独立实施纯获利益的民事法律行为或者与其年龄、智力相适应的民事法律行为。

第二十二条 不能完全辨认自己行为的成年人为限制民事行为能力人，实施民事法律行为由其法定代理人代理或者经其法定代理人同意、追认；但是，可以独立实施纯获利益的民事法律行为或者与其智力、精神健康状况相适应的民事法律行为。

第一百四十五条 限制民事行为能力人实施的纯获利益的民事法律行为或者与其年龄、智力、精神健康状况相适应的民事法律行为有效；实施的其他民事法律行为经法定代理人同意或者追认后有效。

相对人可以催告法定代理人自收到通知之日起三十日内予以追认。法定代理人未作表示的，视为拒绝追认。民事法律行为被追认前，善意相对人有撤销的权利。撤销应当以通知的方式作出。

第五百零三条 无权代理人以被代理人的名义订立合同，被代理人已经开始履行合同义务或者接受相对人履行的，视为对合同的追认。

（2）无权代理人订立的合同

《民法典》第一百七十一条 行为人没有代理权、超越代理权或者代理权终止后，仍然实施代理行为，未经被代理人追认的，对被代理人不发生效力。

相对人可以催告被代理人自收到通知之日起三十日内予以追认。被代理人未作表示的，视为拒绝追认。行为人实施的行为被追认前，善意相对人有撤销的权利。撤销应当以通知的方式作出。

行为人实施的行为未被追认的，善意相对人有权请求行为人履行债务或者就其受到的损害请求行为人赔偿。但是，赔偿的范围不得超过被代理人追认时相对人所能获得的利益。

相对人知道或者应当知道行为人无权代理的，相对人和行为人按照各自的过错承担责任。

第一百七十二条 行为人没有代理权、超越代理权或者代理权终止后，仍然实施代理行为，相对人有理由相信行为人有代理权的，代理行为有效。

第五百零四条 法人的法定代表人或者非法人组织的负责人超越权限

订立的合同，除相对人知道或者应当知道其超越权限外，该代表行为有效，订立的合同对法人或者非法人组织发生效力。

（二）合同的履行

1. 合同履行的原则

第一，全面履行。当事人应当按照约定全面履行自己的义务。

第二，当事人应当遵循诚实信用原则，根据合同的性质、目的和交易习惯履行通知、协助、保密等义务。如，合同一方供货的，另一方应当安排好接货时间、地点等。

2. 合同履行的规则

（1）履行合同主体

通常情况下，合同是由当事人履行。但特殊情况下，合同也可以由第三人代替履行。

《民法典》第五百二十三条　当事人约定由第三人向债权人履行债务，第三人不履行债务或者履行债务不符合约定的，债务人应当向债权人承担违约责任。

第五百二十四条　债务人不履行债务，第三人对履行该债务具有合法利益的，第三人有权向债权人代为履行；但是，根据债务性质、按照当事人约定或者依照法律规定只能由债务人履行的除外。

债权人接受第三人履行后，其对债务人的债权转让给第三人，但是债务人和第三人另有约定的除外。

（2）履行标的

履行标的是指债务人应给付的内容，包括支付实物、支付货币、提供劳务等。如：甲乙二人约定，由甲负责画一幅山水画给乙，乙向甲支付报酬1万元。此时，合同的履行标的就是甲的劳务。

（3）履行期限

履行期限应当按照法律规定或者合同的约定履行，履行期限不明确的，可以协议补充；不能达成补充协议的，按照合同有关条款或者交易习惯确定。无法确定的，债务人可以随时履行，债权人也可以随时要求履行，但应当给对方必要的准备时间。

问：如果约定了期限，债务人是否可以提前履行？

《民法典》第五百三十条　债权人可以拒绝债务人提前履行债务，但是提前履行不损害债权人利益的除外。

债务人提前履行债务给债权人增加的费用，由债务人负担。

（4）履行地点

履行地点应当按照合同约定的履行地点履行。可以协议补充；不能达成补充协议的，按照合同有关条款或者交易习惯确定。无法确定的，履行地点不明确，给付货币的，在接受货币一方所在地履行；交付不动产的，在不动产所在地履行；其他标的，在履行义务一方所在地履行。

（5）履行方式

履行方式是债务人履行义务的方法。例如：标的物的交付方法、工作成果的交付方法、运输方法等等。履行方式按照合同约定履行。履行方式不明确的，可以协议补充；不能达成补充协议的，按照合同有关条款或者交易习惯确定。无法确定的，按照有利于实现合同目的的方式履行。

（6）履行费用

履行费用是指债务人履行合同所支出的费用。履行费用的负担由当事人在合同中约定。没有约定或约定不明可以补充约定，不能达成补充协议的，按照合同有关条款或者交易习惯确定。无法确定的，履行费用的负担不明确的，由履行义务一方负担。

3. 合同履行中的抗辩权

抗辩权是指在符合法定的条件下，当事人一方对抗对方的履行请求权，暂时拒绝履行其合同义务的一种权利。

（1）同时履行抗辩权

例：2021 年 10 月，山东省甲水果批发站与江苏省乙食品公司签订了购买苹果的合同。双方约定：乙公司向甲水果批发站购买红富士苹果500吨，总价款为 50 万元，乙公司先向甲水果批发站预付货款 10 万元，由甲水果批发站于 12 月 30 日前将货款运至乙食品公司指定的货运站，验收合格后，乙公司将剩余的 40 万货款付清，任何一方违约应赔偿对方因此受到的损失。合同订立后，乙公司预付了 10 万元，甲水果批发站如约于 12 月 25 日将货物运到指定地点。乙公司验收合格后，因货款不齐，要求迟延付款被拒绝。

一周后，乙公司仍未筹齐货款，甲水果批发站站怕苹果腐烂就将货物运走并转卖他人，同时通知乙公司解除合同并承担违约责任。乙公司认为甲水果批发站的转卖水果的行为违约，要求甲水果批发站返还预付的10万元货款并承担违约责任。甲水果批发站反诉乙公司，要求乙公司承担运费损失1.8万元。问：双方在合同中没有约定履行的先后顺序，一方在对方不履行时能否拒绝履行？

答：①当事人互负债务，没有先后履行顺序的，应当同时履行。在乙公司支付剩余40万货款之前，甲水果批发站有权行使同时履行抗辩权。因此，甲水果批发站的行为是合法的，乙公司主张甲水果批发站违约无法律依据。

②水果属于易腐烂物，在甲水果批发站交货一周后乙公司仍未履行合同，甲水果批发站为避免损失扩大而将水果令卖他人符合合同法规定。

③根据《民法典》第九十四条规定：当事人一方迟延履行债务或者有其他违约行为致使不能实现合同目的，当事人可以解除合同。

④因此，乙公司应承担甲水果批发站1.8万元运费损失，甲水果批发站将10万元预付款返还给乙公司。

《民法典》第五百二十五条　当事人互负债务，没有先后履行顺序的，应当同时履行。一方在对方履行之前有权拒绝其履行请求。一方在对方履行债务不符合约定时，有权拒绝其相应的履行请求。

（2）先履行抗辩权

例：王某于2021年年初与某房地产开发商签订了一份购房合同，选择了按工期分期付款的付款方式。双方约定：2021年1月合同签订时王某付款10%，5月建筑结构达到50%时王某支付价款的30%，11月建筑结构封顶时王某支付价款的30%，入住时支付尾款。之后，双方开始履行合同，王某首先支付了首期款。但此项目在5月时建筑结构并没有达到50%，所以从5月开始，王某就未付房款。由于王某未付房款，开发商多次催款。认为，在分期付款的买卖合同中，王某没有支付到期价款已达到全部价款的五分之一，应当支付全部价款，否则开发商有权解除合同，并要求王某承担违约责任。王某辩称，你们的楼房没有按照规定建造，是你们先不按照合同履行的，拒绝付款。问：王某可否拒绝履行？

答：实际上在本合同中双方履行合同是有先后顺序的，也就是开发商的建筑结构先达到某一标准时，王某再付款，因此，开发商没有先履行合同，王某有权拒绝履行。开发商称王某没有支付到期价款已达到全部价款的五分之一，应当支付全部价款，没有法律依据。

《民法典》第五百二十六条　当事人互负债务，有先后履行顺序，应当先履行债务一方未履行的，后履行一方有权拒绝其履行请求。先履行一方履行债务不符合约定的，后履行一方有权拒绝其相应的履行请求。

（3）不安抗辩权

例：甲公司因转产致使一台价值1000万元的精密机床闲置，公司董事会遂决定将该机床转让。2021年7月，甲公司与乙公司签订了一份机床转让合同。该合同规定：精密机床作价950万元，甲公司于2021年10月20日至31日之间交货，乙公司在交货后10天内付款。在交货日到来时，甲公司发现乙公司的经营状况严重恶化，并有抽逃资金的行为存在。在掌握了足够的证据后，甲公司通知乙公司中止交货，并要求乙公司提供担保，遭到了乙公司拒绝。又过了一个月，甲公司发现乙公司的经营状况进一步恶化，且一直未提供担保，于是提出解除合同。乙公司拒绝接受，并向法院起诉，要求甲公司继续履行合同。问：甲公司是否应当继续履行合同？

答：甲公司可以拒绝。因为其享有不安抗辩权。

《民法典》第五百二十七条　应当先履行债务的当事人，有确切证据证明对方有下列情形之一的，可以中止履行：

（一）经营状况严重恶化；

（二）转移财产、抽逃资金，以逃避债务；

（三）丧失商业信誉；

（四）有丧失或者可能丧失履行债务能力的其他情形。

当事人没有确切证据中止履行的，应当承担违约责任。

第五百二十八条　当事人依据前条规定中止履行的，应当及时通知对方。对方提供适当担保的，应当恢复履行。中止履行后，对方在合理期限内未恢复履行能力且未提供适当担保的，视为以自己的行为表明不履行主要债务，中止履行的一方可以解除合同并可以请求对方承担违约责任。

（三）合同的保全

合同的保全是指债权人为了防止债务人的财产不当减少而采取的各种措施，也就是债权人保全其债权的制度。

例1：2021年12月到2022年4月，甲钢材经销部与乙公司签订了一份钢材买卖合同，总金额150万元。乙公司收到货后仅支付一部分货款，还有一百余万元一直欠着。为了追回这笔货款，甲钢材经销部多次上门索要。一个偶然的机会，甲钢材经销部发现，在乙公司与其签订合同的同时，又与丙建筑公司也签订了刚才买卖合同，乙公司所购的钢材被直接卖给了丙公司。由于乙公司在其中仅仅起到一个中介作用，并且已经从丙公司已给付的货款中扣除了自己的利润，所以一直怠于向丙公司催要余款。甲钢材经销部无法，只能将丙公司告上法庭，要求其支付其所欠乙公司的剩余货款。丙公司辩称，我方并未与甲钢材经销部签订任何合同，我只能向丙公司付款，不能向你付款。问：甲钢材经销部能否要求丙公司付款？

答：可以。这属于债权人的代位权。履行代位权要具备以下条件：（1）债务人对第三人享有债权；（2）债务人怠于行使对第三人的到期债权；（3）债权人有行使代位权的必要。如，债务人不履行债务，又不以诉讼或仲裁方式向其债务人主张其享有的债权的。（4）双方的债权均已到期。

《民法典》第五百三十五条　因债务人怠于行使其债权或者与该债权有关的从权利，影响债权人的到期债权实现的，债权人可以向人民法院请求以自己的名义代位行使债务人对相对人的权利，但是该权利专属于债务人自身的除外。

代位权的行使范围以债权人的到期债权为限。债权人行使代位权的必要费用，由债务人负担。

相对人对债务人的抗辩，可以向债权人主张。

第五百三十六条　债权人的债权到期前，债务人的债权或者与该债权有关的从权利存在诉讼时效期间即将届满或者未及时申报破产债权等情形，影响债权人的债权实现的，债权人可以代位向债务人的相对人请求其向债务人履行、向破产管理人申报或者作出其他必要的行为。

第五百三十七条　人民法院认定代位权成立的，由债务人的相对人向债权人履行义务，债权人接受履行后，债权人与债务人、债务人与相对人之间相应的权利义务终止。债务人对相对人的债权或者与该债权有关的从权利被采取保全、执行措施，或者债务人破产的，依照相关法律的规定处理。

例 2：小强因做生意资金周转不灵，向其好友旺财借款 10 万元，双方签订了借款合同，约定了还款期限。后来由于小强连续做生意亏本，虽旺财多次催要，但是仍无力偿还债务。一个偶然的机会，旺财得知小强有一处房产，价值人民币 20 万，便想让小强用此房抵债。小强一边安抚旺财，一边背着旺财将该房无偿赠与自己的前妻。随后告知旺财此房已经是其前妻的财产了，不能用该房抵债。旺财得知情况后大怒，将小强告上法庭，要求法院撤销小强的赠与行为。问：旺财能否撤销小强的赠与行为?

答：可以。此案例涉及债权人的撤销权。

《民法典》第五百三十八条　债务人以放弃其债权、放弃债权担保、无偿转让财产等方式无偿处分财产权益，或者恶意延长其到期债权的履行期限，影响债权人的债权实现的，债权人可以请求人民法院撤销债务人的行为。

第五百三十九条　债务人以明显不合理的低价转让财产、以明显不合理的高价受让他人财产或者为他人的债务提供担保，影响债权人的债权实现，债务人的相对人知道或者应当知道该情形的，债权人可以请求人民法院撤销债务人的行为。

第五百四十条　撤销权的行使范围以债权人的债权为限。债权人行使撤销权的必要费用，由债务人负担。

第五百四十一条　撤销权自债权人知道或者应当知道撤销事由之日起一年内行使。自债务人的行为发生之日起五年内没有行使撤销权的，该撤销权消灭。

第五百四十二条　债务人影响债权人的债权实现的行为被撤销的，自始没有法律约束力

四、违约责任

是指合同当事人不履行合同义务或者履行合同义务不符合约定时所承担的法律后果。

（一）规定

1. 一般规定

第一，当事人一方不履行合同义务或者履行合同义务不符合约定的，应当承担继续履行、采取补救措施或者赔偿损失等违约责任。

例：合同履行期限到来之前，一方明确表示不履行合同的，另一方是否应等到合同履行期限到来之时才能要求其承担违约责任？

甲榨油厂与乙农户签订了一份花生买卖合同。合同约定：乙农户向甲厂交付脱皮花生 5000 公斤，交货时间为 2021 年 11 月中旬，交货方式为甲厂自提，甲厂向乙农户交付定金一万元。同年 9 月，乙农户向甲厂告知，由于今年雨水太少，花生长势不好，不能按约定的数量交货。甲厂经了解得知，乙农户不愿交货的原因是今年花生价格上涨，乙农户已经将花生高价卖给他人。问：甲榨油厂是否可以在合同履行期限到来之前要求乙农户承担违约责任？

答：可以。乙农户的行为属于预期违约。

第二，当事人一方明确表示或者以自己的行为表明不履行合同义务的，对方可以在履行期限届满之前要求其承担违约责任。

第三，当事人一方未支付价款或者报酬的，对方可以要求其支付价款或者报酬。

第四，当事人一方不履行非金钱债务或者履行非金钱债务不符合约定的，对方可以要求履行，但有下列情形之一的除外：法律上或者事实上不能履行；债务的标的不适于强制履行或者履行费用过高；债权人在合理期限内未要求履行。

2. 质量不符合约定的情形

《民法典》第五百八十二条　履行不符合约定的，应当按照当事人的约定承担违约责任。对违约责任没有约定或者约定不明确，依据本法第五百一十条的规定仍不能确定的，受损害方根据标的的性质以及损失的大小，可以合理选择请求对方承担修理、重作、更换、退货、减少价款或者报酬等违约责任。

3. 不履行合同义务或者履行合同义务不符合约定的赔偿

第一，当事人一方不履行合同义务或者履行合同义务不符合约定的，在履行义务或者采取补救措施后，对方还有其他损失的，应当赔偿损失。

第二，当事人一方不履行合同义务或者履行合同义务不符合约定，给对方造成损失的，损失赔偿额应当相当于因违约所造成的损失，包括合同履行后可以获得的利益，但不得超过违反合同一方订立合同时预见到或者应当预见到的因违反合同可能造成的损失。

第三，经营者对消费者提供商品或者服务有欺诈行为的，依照《中华人民共和国消费者权益保护法》的规定承担损害赔偿责任。

（二）违约金

第一，当事人可以约定一方违约时应当根据违约情况向对方支付一定数额的违约金，也可以约定因违约产生的损失赔偿额的计算方法。

第二，约定的违约金低于造成的损失的，当事人可以请求人民法院或者仲裁机构予以增加；约定的违约金过分高于造成的损失的，当事人可以请求人民法院或者仲裁机构予以适当减少。

第三，当事人就迟延履行约定违约金的，违约方支付违约金后，还应当履行债务。

（三）定金

1. 当事人可以依照《中华人民共和国担保法》约定一方向对方给付定金作为债权的担保。债务人履行债务后，定金应当抵作价款或者收回。给付定金的一方不履行约定的债务的，无权要求返还定金；收受定金的一方不履行约定的债务的，应当双倍返还定金。

2. 定金与违约金是否可并用

例：北方公司 2021 年 10 月向青岛某水产公司订购海产品 50 吨，双方约定由水产公司负责将货物于 2021 年 12 月 31 日前运至北方公司，北方公司验收合格后交付货款，运费由北方公司支付，北方公司先付给水产公司定金 8 万元，预付运费 2 万元；双方同时约定，任何一方违约，应向对方支付违约金 10 万元。合同到期后，水产公司未能按期交货。北方公司遂向法院提起诉讼，要求水产公司返还预付运费 2 万元并双倍返还定金 16 万元，同时还要求其支付违约金 10 万元。问：定金与违约金是否可以同时适用？

答：不可以，二者可以择其一。

《民法典》第五百八十八条　当事人既约定违约金，又约定定金的，一方违约时，对方可以选择适用违约金或者定金条款。

定金不足以弥补一方违约造成的损失的，对方可以请求赔偿超过定金数额的损失。

第五百八十九条　债务人按照约定履行债务，债权人无正当理由拒绝受领的，债务人可以请求债权人赔偿增加的费用。

在债权人受领迟延期间，债务人无须支付利息。

（四）不可抗力

第一，因不可抗力不能履行合同的，根据不可抗力的影响，部分或者全部免除责任，但法律另有规定的除外。当事人迟延履行后发生不可抗力的，不能免除责任。

第二，当事人一方因不可抗力不能履行合同的，应当及时通知对方，以减轻可能给对方造成的损失，并应当在合理期限内提供证明。

（五）非违约方的义务

当事人一方违约后，对方应当采取适当措施防止损失的扩大；没有采取适当措施致使损失扩大的，不得就扩大的损失要求赔偿。

当事人因防止损失扩大而支出的合理费用，由违约方承担。

（六）双方违约的情形

第一，当事人双方都违反合同的，应当各自承担相应的责任。

《民法典》第五百九十三条　当事人一方因第三人的原因造成违约的，应当依法向对方承担违约责任。当事人一方和第三人之间的纠纷，依照法律规定或者按照约定处理。

第二，因当事人一方的违约行为，侵害对方人身、财产权益的，受损害方有权选择依照本法要求其承担违约责任或者依照其他法律要求其承担侵权责任。

五、律师承办合同审查及关联交易业务操作指引

帮助客户审查其与他人签署的合同，是律师的一项常规业务。合同审

查主要是从法律方面对合同进行把关，是正式签订合同之前的必经程序。对合同进行法律审查，通过发现合同中的某些问题而予以修正，减少和避免在履行合同的过程中产生不必要的分歧和争议，提高合同履约率；即使因为某些特殊原因发生了违约或者争议的情况，也可以比较顺利地解决问题，得到必要的补偿，避免或减少损失的发生，从而达到为当事人防控风险的目的。

关联交易是指关联人通过关联关系促成的交易。律师的公司关联交易业务是指律师为目标公司拟进行的与关联交易事项有关的活动提供程序正当性审查的法律服务的执业行为。公司关联交易业务包括为目标公司关联交易事项提供法律服务和规范其关联交易提供法律服务的业务。

因篇幅所限，本章主要从合同审查角度对关联交易合同的风险及审查要点进行部分说明。

（一）关联交易合同的法律效力风险

关联交易本身并非违法。

由于合同各方是“一家人”，“一家人”之间互通有无，少起争议。因此，关联交易合同的法律效力风险并不来自于合同主体之间或合同具体条款，而是它可能损害了第三方利益。

1. 关联交易合同可能构成“恶意串通损害第三人利益”

实务中最常见的是：通过关联交易转移公司资产、低价受让等，损害债权人利益。此时债权人可主张合同无效。

关联关系是指公司控股股东、实际控制人、董事、监事、高级管理人员与其直接或者间接控制的企业之间的关系，以及可能导致公司利益转移的其他关系。

关联公司在明知资产出让方负有巨额债务的情况下，仍然低价受让其资产，双方签订的合同属于恶意串通、损害第三人利益的合同，债权人可以请求法院确认债务人转让财产的合同无效。

2. 与公司进行的关联交易可能损害公司利益、其他股东利益

董事、监事、高管一方面对公司负有忠实义务，一方面可能利用其地位操纵公司与自己或关联方进行交易，从而损害公司与股东利益。

公司大股东或控股股东同样可能操纵公司与自己或关联方进行交易，例如为自己提供担保等，从而损害公司及其他股东利益。

公司法第二十一条 公司的控股股东、实际控制人、董事、监事、高管不得利用其关联关系损害公司利益，违反前款规定，给公司造成损失的，应当承担赔偿责任。

公司法第一百四十八条规定董事、高管的八项禁止行为，包括：

（四）违反公司章程的规定或者未经股东会、股东大会同意，与本公司订立合同或者进行交易；

一般来说，前述规定属于管理性规定，违反规定不会导致合同无效。但是董事、高管、股东应对公司承担赔偿责任。

合同是平等主体间设立、变更、终止民事权利义务关系的协议。该协议只要符合合同生效的积极要件和不存在《合同法》第五十二条规定的合同无效的法定情形的消极要件，应为合法有效合同。

3. 关联担保合同需经股东会或股东大会决议，且需由非关联股东过半数通过

公司法第十六条 关联担保合同需经股东会或股东大会决议，且需由非关联股东过半数通过。

按照 2019 年 11 月 8 日发布的最高人民法院《全国法院民商事审判工作会议纪要》第 17. 18. 19 条规定，未经有效决议，且合同相对方未审查的，“相对人”为恶意，担保合同无效。其中第 17 条内容为“违反公司法第 16 条构成越权代表”；第 18 条内容涉及“善意的认定”；第 19 条内容涉及“无须机关决议的例外情况”。

可见，涉及与公司进行关联交易，特别是担保时，应根据公司法、公司章程等，由公司股东（大）会、董事会履行相应决议手续，由非利益相关方的股东、董事进行表决，从而避免上述责任和风险。

（二）关联交易的涉税风险

1. 从税法的角度，关联交易必须符合独立交易原则。

《企业所得税法实施条例》第一百一十条 独立交易原则是指没有关联关系的交易各方，按照公平成交价格和营业常规进行业务往来遵循的原则。

独立交易要求关联企业之间的经济交往，就像在它们之间不存在关联关系一样。如果违反独立交易原则，则可能导致违规避税，税务机关将对其进行纳税调整、补征税款并处以罚息。相关法规如下。

《企业所得税法（2018 修正）》第四十八条 税务机关依照本章规定作出纳税调整，需要补征税款的，应当补征税款，并按照国务院规定加收利息。

《企业所得税法实施条例（2019 修正）》第一百二十二条 企业所得税法第四十八条所称利息，应当按照税款所属纳税年度中国人民银行公布的与补税期间同期的人民币贷款基准利率加 5 个百分点计算。

企业依照企业所得税法第四十三条和本条例的规定提供有关资料的，可以只按前款规定的人民币贷款基准利率计算利息。

因此，如果合同价格明显不合理，就要考虑此种风险，适当调整价格。

2. 关联交易应注意保存资料。

关联企业之间业务交易往来时，应注意保存交易相关同期业务往来资料，并向税务机关主动提供相关资料，自我举证。

如果纳税人企业不提供与其关联方之间业务往来资料，或者提供虚假、不完整资料的，税务机关有权依法核定其应纳税所得额，导致涉税风险。

《企业所得税法》第四十四条 企业不提供与其关联方之间业务往来资料，或者提供虚假、不完整资料，未能真实反映其关联业务往来情况的，税务机关有权依法核定其应纳税所得额。

因此，关联企业应注意保存关联交易合同文本、附件、技术文档等相关资料，注意各文件时间节点，留存工作痕迹。尤其是能体现合同价格制定标准、计算方法和说明等的同期资料。

3. 成本分摊协议。

《企业所得税法》第四十一条第 2 款 企业与其关联方共同开发、受让无形资产，或者共同提供、接受劳务发生的成本，在计算应纳税所得额时应当按照独立交易原则进行分摊。

关联企业之间可以事先签订成本分摊协议。

《企业所得税法实施条例》第一百一十二条

企业可以依照企业所得税法第四十一条第二款的规定，按照独立交易原则与其关联方分摊共同发生的成本，达成成本分摊协议。

企业与其关联方分摊成本时，应当按照成本与预期收益相配比的原则进行分摊，并在税务机关规定的期限内，按照税务机关的要求报送有关资料。

企业与其关联方分摊成本时违反本条第一款、第二款规定的，其自行分摊的成本不得在计算应纳税所得额时扣除。

关于成本协议的内容，《国家税务总局关于印发 < 特别纳税调整实施办法（试行）>》的通知（2009）》第 68 条列举内容如下。

（一）参与方的名称、所在国家（地区）、关联关系、在协议中的权利和义务（二）成本分摊协议所涉及的无形资产或劳务的内容、范围，协议涉及研发或劳务活动的具体承担者及其职责、任务；（三）协议期限；（四）参与方预期收益的计算方法和假设；（五）参与方初始投入和后续成本支付的金额、形式、价值确认的方法以及符合独立交易原则的说明；（六）参与方会计方法的运用及变更说明；（七）参与方加入或退出协议的程序及处理规定；（八）参与方之间补偿支付的条件及处理规定；（九）协议变更或终止的条件及处理规定；（十）非参与方使用协议成果的规定。

另外，需要注意的是，《国家税务总局关于规范成本分摊协议管理的公告》2015 年第 45 号第一条规定如下。

企业应自与关联方签订（变更）成本分摊协议之日起 30 日内，向主管税务机关报送成本分摊协议副本，并在年度企业所得税纳税申报时，附送《中华人民共和国企业年度关联业务往来报告表》。

（三）律师审查关联交易合同的注意事项

关于关联交易的涉税风险，也即关联交易的税务问题，重点不是合同本身，要结合财务、税务、合同管理几方面综合处理，仅凭律师从合同审查的角度是难以解决的。故上述内容仅作简单提示。最后归纳一下，对于关联交易合同，律师应该注意以下事项。

第一，是否存在“恶意串通损害第三人利益”的情形。

第二，与公司进行的关联交易，是否损害公司利益、其他股东利益，尽量通过股东会程序，取得非关联股东同意。如果不能通过股东会程序，取得其他非关联董事的同意，也能适当减轻责任、降低风险。

第三，考虑关联交易的税务合规。考虑了上述合同之外的因素以及相关程序之后，对于关联交易合同本身，律师的起草审查反而更简单。因为正如前文所说，交易各方很少发生争议，故此时合同可简单一些，说明标的、价款等基本要素即可。

第三章　企业知识产权法律实务操作

《民法典》第一百二十三条直接规定“民事主体依法享有知识产权”，并列举了其具体类型，这是《民法典》对于知识产权民法地位的宣示和确认。[①]第一千一百八十五条将已得到广泛认同与实践的惩罚性赔偿规则写入法典则旨在彰显一种加强知识产权保护的态度。此外，知识产权作为一种私权，其保护以及侵权判定等深层法理仍然根植于相关民法理论，例如在民法领域具有普适性的民法基本原则对处理知识产权相关案件具有特殊价值，近年修改的《商标法》与《专利法》都将诚实信用原则引入法律规定。如此，我国知识产权保护的法律体系以《民法典》为统领与支撑，以《著作权法》《专利法》《商标法》等特别法为枝干，辅之以相应的司法解释、行政法规为补充。

然而，在我国目前司法实践中知识产权保护仍然面临着巨大的挑战。知识产权的保护与其他私权不同：一方面，普通民事权利主要依赖各类证据形成侵权事实认定，而知识产权则是主要通过对权利载体——文艺作品、专利技术、商标图案等一一进行对比、分析确定侵权存在，尤其是作为著作权权利载体的各类作品主观性较强，其对比分析存在一定难度；另一方面，知识产权与其他私权相比，更多地涉及公有领域，具有极强的公共政策性，其具体案件的判决也需要更多地考虑社会效果。基于这些特性，不难看出在知识产权相关案件中存在一定的弹性空间，法官的自由裁量权发挥着重要的作用。但自由裁量并非意味着完全主观的感受，仍需要统一的、更为具体的规范、方法帮助达成合法合理的判决，否则就会导致“同案不同判”等损害司法统一现象的发生。

① 孔祥俊.《民法典》与知识产权法的适用关系 [J]. 知识产权，2021（01）：3-19.

法律虽具有滞后性，但出于法律安定性和人们对法律可预期性的考虑，要求通过对现有法律进行解释来为将来可能出现的新型事物和行为提供类型化解决方案，以指引市场参与者的竞争行为。

因此，本章结合司法判例，探究知识产权法理论及重要法律法规在司法实践中的应用问题，以期为企业知识产权法律实务和律师承办该类业务提供操作指引。

一、企业知识产权工作概述

《与贸易有关的知识产权协议》（以下简称 TRIPS 协议）开宗明义地宣称“知识产权是私权（Intellectual property rights are private rights）”。我国早在 1986 年《民法通则》第九十四、九十五、九十六条分别规定了公民和法人依法取得的著作权、专利权和商标权受法律保护。自 2021 年 1 月 1 日起施行的《中华人民共和国民法典》第一百二十三条规定：“民事主体依法享有知识产权。知识产权是权利人依法就下列客体享有的专有的权利：（1）作品；（2）发明、实用新型、外观设计；（3）商标；（4）地理标志；（5）商业秘密；（6）集成电路布图设计；（7）植物新品种；（8）法律规定的其他客体。”由此可见，国际条约和我国民事立法明确坚持知识产权的私权属性或民事权利属性，并确立了以商标权、著作权和专利权为核心的知识产权体系。

（一）知识产权概念、类型及特征

1. 概念

知识产权是指人们就其智力劳动成果所依法享有的专有权利，通常是国家赋予创造者对其智力成果在一定时期内享有的专有权或独占权（exclusive right）。

知识产权从本质上说是一种无形财产权，它的客体是智力成果或是知识产品，是一种无形财产或者一种没有形体的精神财富，是创造性的智力劳动所创造的劳动成果。它与房屋、汽车等有形财产一样，都受到国家法律的保护，都具有价值和使用价值。有些重大专利、驰名商标或作品的价值也远远高于房屋、汽车等有形财产。

2. 类型

知识产权是智力劳动产生的成果所有权，它是依照各国法律赋予符合条件的著作者以及发明者或成果拥有者在一定期限内享有的独占权利。

它有两类：一类是著作权（也称为版权、文学产权），另一类是工业产权（也称为产业产权）。

（1）著作权

著作权又称版权，是指自然人、法人或者其他组织对文学、艺术和科学作品依法享有的财产权利和精神权利的总称，主要包括著作权及与著作权有关的邻接权。通常我们说的知识产权主要是指计算机软件著作权和作品登记。

（2）工业产权

工业产权则是指工业、商业、农业、林业和其他产业中具有实用经济意义的一种无形财产权，由此看来“产业产权”的名称更为贴切。主要包括专利权与商标权。

3. 特征

（1）知识产权是一种无形财产

（2）知识产权具备专有性的特点

（3）知识产权具备时间性的特点

（4）知识产权具备地域性的特点

（5）大部分知识产权的获得需要法定的程序，比如，商标权的获得需要经过登记注册

（二）基于类型分析的知识产权动态体系

商标权、著作权和专利权构成狭义的知识产权体系，不是历史演变的路径依赖结果，商业秘密权、植物新品种权等新型知识产权也不是毫无逻辑的任意发展。商标权、著作权和专利权在知识产权体系中具有逻辑关联性，它们不仅自身呈连续形态，而且在物质载体上体现了过渡特征。因此在立法解析上，知识产权体系是以商标权、著作权和专利权为核心和基础，结合众多非典型知识产权的动态体系。此外，知识产权动态体系的关联性不仅体现为知识产权在立法解析中的连续状态，而且最重要的是，个体分析

方法强调知识产权动态体系在个体实践中的关联性和连贯性。这才是知识产权体系在立法解析中具有逻辑关联性的根源，将对知识产权体系的立法解析从单纯的认识层面，转向个体的实践层面。因此，在个体分析方法的动态体系下，知识产权体系的逻辑关联性不仅体现为权利概念的演绎分类，而且在个体实践层面具有连贯性和关联性。

1. 知识产权体系之立法解析的流动谱系

民事权利理论对权利动态体系并不陌生。人格权、身份权和财产权是民事权利的基础分类，虽然是逻辑演绎的结果，但是存着逻辑必然性，成为民事权利的体系基础。人类的现实需求是民事权利产生的根本原因，而需求的类型具有内在的逻辑性，体现了其与人之间关系的有序排列。相应地，民事权利体系分为财产权、人格权和身份权三种具有典型特征的权利类型，以及存在不同程度的非典型特征的权利类型，因此民事权利体系形成了一种流动谱系，为分析过渡型、混合型、交叉型权利提供了开放性空间。[①] 显然，民事权利的流动谱系对知识产权类型分析具有重要的参考意义，即以商标权、著作权和专利权为典型权利，形成知识产权体系的流动谱系分析。

一方面，知识产权动态体系体现了商标权、著作权和专利权之间的连续性。例如，商标权内部存在从混淆到反混淆的权利形态过渡；通用名称和姓名权体现了商标权和著作权的权利形态过渡；著作权内部存在从狭义著作权到邻接权、从思想到表达的权利形态过渡；实用艺术作品体现了著作权和专利权的权利形态过渡；技术方案和自然规律体现了专利权与发现权的权利形态过渡；外观设计体现了商标权、著作权和专利权的三者权利形态过渡。

另一方面，与人格权、身份权和财产权类型类似，商标权、著作权和专利权对知识产权进行了最基本的分类，可以据此分析商业秘密、外观设计、实用艺术作品、计算机软件等非典型智力成果。以实用艺术作品为例，“逻辑上比较恰当的界定方式是实用艺术作品的实用性与艺术性在物理上无法分离，但是在观念上可以分离”[②]。实用性与艺术性在物理上不能分离，是为了区分智力成果与其物质载体。如果实用性和艺术性在物理上可以分

① 王琳琳. 论私权及其体系化 [D]. 长春：吉林大学，2012.

② 冯晓青，付继存. 实用艺术作品在著作权法上之独立性 [J]. 法学研究，2018（02）：144.

离，那么它们之间不存在智力成果与其物质载体的关系，因此知识产权保护只涉及智力成果，比如美术作品与画布的关系。实用性与艺术性在观念上必须分离，是为了区分著作权和专利权。如果艺术性完全被实用性覆盖，那么实用艺术作品不能得到著作权保护，可能得到专利权保护。再比如外观设计，虽然外观设计在我国属于专利权客体，但是外观设计融合了商标、作品和专利的特征。外观设计不仅在专利权层面上具有新颖性，又在著作权层面上属于形状、图案或者其结合以及色彩与形状、图案的结合，富有美感，而且在商标权层面上必须是对产品的外观所作的设计。可见，外观设计是商标权、著作权和专利权的重叠，在各个国家具有不同的立法例，计算机软件和植物新品种亦是如此。因此，虽然非典型的知识产权可能采取单独的立法形式，但是它们始终以商标权、著作权和专利权为构建基础。

2. 知识产权体系在个体实践中的关联性

知识产权动态体系在立法解析中的流动谱系，尚不足以充分论证其关联性，因此需要回到交易市场语境，在个体实践中的创新价值层面分析其体系关联性。知识产权塑造了关于智力成果的交易市场，是国家激励个体创新的手段，所以知识产权之激励理论具有社会契约特征。“国家或法律赋予作者、发明人或商家以相应的知识产权，其目的是鼓励作者、发明人和商家创造更多的信息产品，既有利于他们自己，也有利于社会公众。”[①]因此，从个体实践的创新角度分析，知识产权可以被视为一种社会契约，更加私法化地表达，知识产权可以被视为一种“格式合同”。它激励个体从事创新活动，在知识产权市场中自由竞争，最终实现创新的价值目标。因此，知识产权动态体系应当以个体实践中创新价值为背景，这也是个体分析方法的要求和体现。如果仅仅在规范层面分析知识产权体系，那么知识产权体系始终是间断的分类体系，其逻辑关联性通过演绎分类来表现。由此，不仅显著性、独创性和创造性的抽象规定，不能反映商标权、著作权和专利权的内部多样性和连续状态；而且间断的分类体系不能体现商标权、著作权和专利权之间的体系关联性，进而揭示三者对非典型智力成果分析的基础作用。知识产权创新的主体始终是法律实践中的个体。包括立

① 李明德. 美国知识产权法 [M]. 北京：法律出版社，2014：11.

法机关、司法机关和行政机关在内的国家机关只是为个体的知识产权创新提供必要条件，但是真正的知识产权创新需要在自由竞争的市场中脱颖而出。因此，知识产权动态体系的关联性分必须从抽象规范层面深入到个体实践的创新层面。

复合介入结构说明知识产权具有契约特征，它与单一介入结构的民事权利具有相似性，即效力的有待确定。这意味着它们需要进入权利现象的具体语境之中。契约性不仅表现在知识产权结构之上，而且蕴含在知识产权的价值取向之中。通过分析知识产权的市场语境，创新价值通过自由竞争实现，自由竞争的市场语境暗示了知识产权的创新价值与私法自治的关联。商标之显著性、作品之独创性和专利之创造性，都体现了知识产权的创新价值，这已经说明创新价值不是“铁板一块”，存在经营创新、表述创新和实用创新的多样化表现。在抽象规范上，知识产权客体和内容都被严格地规定，带有了浓厚的法定主义色彩，条文规定甚至达繁杂的程度。著作权表现得尤为明显，不仅《著作权法》第三条详细地规定了 8 种具体的作品类型，而且第十条更详细地定义了 16 种具体的权能。专利法和商标法尽管不存在如此详细的条文规定，但是对商标注册和专利申请进行了详细的规定，例如《专利法》第二十六条规定了发明和实用新型申请时提交的请求书、说明书及其摘要和权利要求书等文件。毫无疑问，它们属于强制性规范，不允许当事人排除适用。尽管如此，这种似乎破碎化的列举式规定，在个体实践中具有一定的关联性，为个体的知识产权实践构筑了一套连贯的私法自治框架。

其实，知识产权始终致力于智力成果的创新程度区分。这种区分不仅仅在认识层面编织一张尽量严密的分类之网，更重要的是，它们成为分析具体知识产权现象的、创造性从低到高的、权利范围从小到大的连贯坐标系。在商标权中，根据商标与产品的关系，商标分为通用标志、描述性标志、暗示性标志、任意性标志和臆造性标志。根据《商标法》第十一条的规定，立法对通用标志和描述性标志进行区分规定。它实际上确立了通用标志和描述性标志通过使用取得商标权的一元主义，商标注册只不过是国家对通过使用所取得的商标权的肯定和承认。此外，《商标法》第五十九条规定商标权人无权禁止他人对通用标志和描述性标志的非商标性使用，这实际上变相缩小了商标权的权利范围。在著作权上，根据独创性的有无，著作权法分为狭义著作权体系和邻接权体系。尽管版权法体系承认作品的独创性，以及“额头出汗”理论受到批评，但是表演、录音录像制品、广播等邻接权客体仍被视为作品。《著作权法》第四十二条和第四十五条分别规定了表演者、录音录像制作者和广播组织的权利内容，与第九条关于狭义著作权的规定相比，邻接权的范围明显比较小。在专利法上，根据创造性程度的不同，专利分为发明和实用新型两种类型。“立法者充分考虑我国改进型产品较多的国情，同时为了发明与实用新型，通过法条将实用新型设置为一种‘二级发明’，不但定义不同、审查标准不同，而且连保护客体也进行了定义，只能是对‘产品的形状、构造或者其结合所提出的适于实用的新的技术方案’。”①

二、企业商标法律实务

21 世纪是信息爆炸的年代，也是知识创造财富的时代。知识产权经济发展迅猛，被众多国家上升为本国兴国、强国战略。商标作为知识产权的三大构成之一，其价值早已突破最初的指示商品或服务的来源、降低消费者信息搜索成本，扩展为凝结商品或服务信誉的无差别的一般劳动价值。由此，好的商标设计乃是企业经营成功的一半。从权利角度而言，商标具有物权上的财产属性。利益常伴随纷争，也正如此，侵权自始伴随着商标的产生和发展。

本节选取侵犯注册商标专用权案例，以知识产权法相关原理诠释案例，并运用比较、分析、借鉴等方式，结合社会、经济、心理学知识论证商标侵权的司法认定要点和方法。

（一）侵犯知识产权犯罪涉及的 7 项罪名

1. 假冒注册商标罪

是指违反国家商标管理法规，未经注册商标所有人许可，在同一种商品上使用与其注册商标相同的商标，情节严重的行为。

① 闫文峰，王福涛. 新科技革命对我国三种专利保护客体模式的挑战 [J]. 知识产权，2017（12）：83-84.

2. 销售假冒注册商标的商品罪

销售明知是假冒注册商标的商品，销售金额数额较大的，处三年以下有期徒刑或者拘役，并处或者单处罚金；销售金额数额巨大的，处三年以上七年以下有期徒刑，并处罚金。

3. 非法制造、销售非法制造的注册商标标识罪

伪造、擅自制造他人注册商标标识或者销售伪造、擅自制造的注册商标标识，情节严重的，处三年以下有期徒刑、拘役或者管制，并处或者单处罚金；情节特别严重的，处三年以上七年以下有期徒刑，并处罚金。

4. 假冒专利罪

指违反国家专利法规，假冒他人专利，情节严重的行为。

5. 侵犯著作权罪

是指以营利为目的，未经著作权人许可复制发行其文字、音像、计算机软件等作品，出版他人享有独占出版权的图书，未经制作者许可复制发行其制作的音像制品，制作、展览假冒他人署名的美术作品，违法所得数额较大或者有其他严重情节的行为。

6. 销售侵权复制品罪

以营利为目的，销售明知是《知识产权法》第二百一十七条规定的侵权复制品，违法所得数额巨大的，处三年以下有期徒刑或者拘役，并处或者单处罚金。

7. 侵犯商业秘密罪

是指以盗窃、利诱、胁迫或者其他不正当手段获取权利人的商业秘密，或者非法披露、使用或者允许他人使用其所掌握的或获取的商业秘密，给商业秘密的权利人造成重大损失的行为。

（二）典型案例分析

1. 侵犯“哈尔滨”系列商标专用权案

（1）案情简介

2020 年 5 月 20 日，漯河市市场监管局接到百威哈尔滨啤酒有限公司投诉，称当事人某啤酒集团漯河啤酒有限公司生产的哈尔滨乌尔苏金小麦啤酒侵犯其商标专用权。经查，2020 年 1 月至 5 月，当事人利用

委托人提供的啤酒包装物和标签标识，为委托人哈尔滨乌尔苏啤酒有限公司代加工生产“哈尔滨乌尔苏纯麦啤酒”27010包、13500箱。该啤酒瓶子标签和包装箱上的“哈尔滨”字样与商标权利人在同类产品上的第3447960号哈尔滨注册商标相同，其冰山图案与商标权利人的第12750375.18325879A号商标图案近似。当事人的行为，已构成了《商标法》第五十七条第六项所指的商标侵权行为。依据《商标法》第六十条之规定，办案机关责令立即停止侵权行为，没收、销毁包装物及标识，罚款6万元。

（2）案情分析

该案是典型的代加工侵权案件，当事人利用委托人提供的包装物和标签标识，为委托人代加工生产啤酒，未尽到审查义务，损害了商标权利人合法权益。该案定性准确，处罚适度，值得借鉴。

2. 苗某忠假冒注册商标案

（1）案情简介

2018年至案发，被告人苗某忠在没有任何注册商标授权和无营业执照的情况下，自行购置生产设备及原材料，在河北省文安县其本人住所，生产标注某公司注册商标的明星同款防霾口罩，并外销获利。在新冠肺炎疫情防控期间，被告人苗某忠先后将其生产的明星同款防霾口罩向本市及河北省多个个体经营者销售，非法经营数额达10万余元。期间，被告人苗某忠之子苗某彬明知其生产、销售的明星同款防霾口罩系假冒注册商标产品的情况下，仍为其提供包装、封箱、运输等帮助。经鉴定，涉案口罩并非该日本公司生产，系假冒该日本公司注册商标的产品。经检验，涉案口罩不符合《呼吸防护用品自吸过滤式防颗粒物呼吸器》的规定。

2021年3月17日，天津首例涉疫情侵犯知识产权犯罪案件在和平区人民法院“云上”开庭审理并当庭宣判。被告人苗某忠犯假冒注册商标罪，被判处有期徒刑九个月，并处罚金7万元；被告人苗某彬犯假冒注册商标罪，被判处拘役三个月，并处罚金1万元；扣押在案的假冒注册商标的口罩商品及包装纸盒、作案工具自动薄膜封口机1台、口罩机1台，由扣押机关依法全部没收。

（2）案情分析

非法经营数额达10万余元。期间，被告人苗某忠之子苗某彬明知其生产、销售的明星同款防霾口罩系假冒注册商标产品的情况下，仍为其提供包装、封箱、运输等帮助。

第一，该罪的犯罪主体为一般主体和单位，即任何企业事业单位或者个人假冒他人注册商标，情节达到犯罪标准的即构成本罪。第二，该罪侵犯的客体为他人合法的注册商标专用权，以及国家商标管理秩序。第三，该罪主观方面为故意，且以营利为目的。过失不构成本罪。第四，该罪的客观方面为行为人实施了刑法所禁止的假冒商标行为，且情节严重。

3. 华某某侵犯商标罪

（1）案情简介

华某某系慈溪市某计算机网络设备技术有限公司法定代表，沈某系慈溪市某电子科技有限公司法定代表人。2014 年至 2017 年 6 月，慈溪市某计算机网络设备技术有限公司及其法定代表人华某某未经注册商标所有人授权，伙同公司财务负责人叶某某及生产负责人高某某，大肆生产、销售带有安普、康普、一舟、施耐德等 12 种注册商标的网络配件产品，非法经营数额共计 228 万余元。同时，慈溪市某计算机网络设备技术有限公司还委托慈溪市某电子科技有限公司及其法定代表人沈某、个体经营者戎某某生产上述假冒注册商标产品近 12 万件，价值 64 万余元；委托虞某某、翁某某非法印制带有安普、康普、一舟等注册商标标识的包装纸箱、合格证、防伪标等物品 116.7 万余件，价值 14 万余元。

2019 年 4 月 24 日，慈溪市某计算机网络设备技术有限公司、慈溪市某电子科技有限公司分别被判处罚金 114 万元、3 万元，华某某等人被判处有期徒刑二年缓刑三年至有期徒刑三年缓刑五年不等，被并处罚金共计 299 万元。

（2）案情分析

华某某未经注册商标所有人授权，伙同公司财务负责人叶某某及生产负责人高某某，大肆生产、销售带有安普、康普、一舟、施耐德等 12 种注册商标的网络配件产品，非法经营数额共计 228 万余元。委托生产上述假冒注册商标产品近 12 万件，价值 64 万余元；委托虞某某、翁某某非法印制带有安普、康普、一舟等注册商标标识的包装纸箱、合格证、防伪标等物品 116.7 万余件，价值 14 万余元。

宁波市鄞州区检察院对慈溪市某计算机网络设备技术有限公司、慈溪市某电子科技有限公司、华某某、叶某某、高某某、沈某、戎某某以假冒注册商标罪，对虞某某、翁某某以非法制造注册商标标识罪提起公诉。具有下列情形之一的，属于《刑法》第二百一十三条规定的“情节特别严重”，应当以假冒注册商标罪判处三年以上七年以下有期徒刑，并处罚金：①非法经营数额在二十五万元以上或者违法所得数额在十五万元以上的；②假冒两种以上注册商标，非法经营数额在十五万元以上或者违法所得数额在十万元以上的；③其他情节特别严重的情形。

（3）非法制造、销售非法制造的注册商标标识罪的特征如下。

①其主要客体是国家对商标的管理秩序，次要客体是他人注册商标的专用权。

②非法制造、销售非法制造的注册商标标识罪在客观上表现为行为人实施了非法制造、销售非法制造的注册商标标识的行为。

③非法制造、销售非法制造的注册商标标识罪主体为一般主体，单位也可以构成非法制造、销售非法制造的注册商标标识罪。

④非法制造、销售非法制造的注册商标标识罪在主观方面表现为故意。

4. 黄某金、常某芳等人犯假冒注册商标罪

（1）案情简介

四川省绵竹市人民法院经审理查明：被告人黄某金与被告人常某芳口头约定由黄某金提供原酒，常某芳组织包装材料及商标，以共同生产假冒名酒。之后，常某芳雇佣被告人文某勇从黄某金开设于成都市华丰食品城的兴宏酒类批发部将“绵竹大曲”“江口醇”“尖庄”“泸州”老窖二曲等酒运至常某芳租赁的成都市中和镇、原双流县华阳镇出租房内，由被告人常某芳、张某建组织“剑南春”“全兴”“五粮液”“泸州”商标及包装，并雇佣被告人常某家、邱某富、常某荣清洗酒瓶和翻装酒，共计粘贴“剑南春”商标648份、“全兴”商标300份、“泸州”商标88份、“五粮液”商标96份。除“五粮液”外，均由被告人常某芳雇佣被告人文某勇将酒运至被告人黄某金开设于成都市西南食品城的兴达酒类批发部予以销售。

四川省绵竹市人民法院依照《中华人民共和国刑法》第二百一十三条、第二十五条第一款、第二十六条第一款、第四款、第二十七条第一款、

第二款、第六十四条、第六十五条之规定，判处被告人黄某金有期徒刑3年零6个月，并处罚金1万元；被告人常某芳有期徒刑3年零6个月，并处罚金1万元；被告人张某建有期徒刑3年零6个月，并处罚金1万元；被告人常某家有期徒刑1年零6个月，并处罚金2000元；被告人文某勇有期徒刑1年，并处罚金2000元；被告人邱某富有期徒刑1年，并处罚金2000元；被告人常某荣免予刑事处罚。

（2）案情分析

黄某金与被告人常某芳口头约定由黄某金提供原酒，常某芳组织包装材料及商标，组织“剑南春”“全兴”“五粮液”“泸州”商标及包装，并雇佣被告人常某家、邱某富、常某荣清洗酒瓶和翻装酒，共计粘贴“剑南春”商标648份、“全兴”商标300份、“泸州”商标88份、“五粮液”商标96份。

四川省绵竹市人民法院认为，被告人黄某金、常某芳、张某建未经注册商标所有人许可，非法使用“剑南春”“五粮液”“全兴”“泸州”老窖特曲的商标及包装物，情节严重，其行为均已构成假冒注册商标罪。被告人文某勇、常某家、常某荣、邱某富明知上述被告人实施假冒注册商标行为，而为其提供运输等帮助行为，其行为均应以假冒注册商标罪的共犯论处。被告人黄某金、常某芳、张某建在犯罪中起主要作用，是主犯；被告人文某勇、常某家、邱某富起次要作用，是从犯，依法可减轻处罚；被告人常某荣起次要作用，是从犯，且参与假冒注册商标时间短，情节轻微，依法可免予处罚。被告人常某家在刑满释放后5年内又犯罪，属累犯，应从重处罚。

三、企业著作权法律实务

著作权可进一步划分为著作人身权与著作财产权，这两项又分别由若干细分权利构成，与其他侵权认定相同。著作权侵权也需要侵权行为、损害结果、因果关系、主观过错等基本构成，但是其相关案件的审判难点在于：第一，著作权侵权行为并非直接体现在人身行动上，而是借由作品为载体表现出来；第二，著作权侵权具有一定的隐蔽性，尤其是在当今借由“洗稿”“扒剧”等隐蔽手段并添加部分独创性内容的不完全相同复制，更加难以分辨；第三，著作权虽然是一种私权，但对其保护存在个人利益与公共利益的考量与取舍，既不能对侵权行为视而不见，也不能过度保护个人权益导致一定程度上的“内容垄断”，不利于总体社会文化的繁荣。目前，我国通过《著作权法》及其相关的司法解释、行政法规形成了保护著作权的法律体系，但具体到司法实践当中，面对这些审判难点，相关法律规定的适用却存在着一些问题，例如《著作权法》中明确将“剽窃”列为侵犯他人著作权的行为，但却缺乏对于“剽窃”的具体定义与解释，以文字类作品为例，何种相似程度可被认定为为剽窃？相似数量多少是否影响剽窃认定？内核不变将文字改头换面的行为是否能被认定为剽窃？，等等。这些问题当今立法都未能够给予明确回答，这也是当今诸多著作权纠纷判决更多依赖法官自由裁量，大量采用法理进行说理论证的原因所在。

著作权法的发展历程是一部利益平衡史，随着科学技术的发展，一方面著作权人的权利不断扩张；另一方面公众获取信息的途径也越来越多。为了实现著作权人、使用人、社会公众之间的利益平衡，默示许可在没有著作权人明确授权的情况下，将一部分权利授予社会公众、使用人使用，这种方式尽管增加权利人的注意义务，加重权利人的负担的，但既预防了网络环境中权利人遭遇的不可预知的侵权风险，也维护了社会公共利益同时净化了网络使用行为。

由于我国著作权立法中对于默示许可鲜有规定，仅在《信息网络传播条例》第九条[①]对农村地区使用做出明确规定。但除了以上情形，现实生活中已出现不少其他形式适用默示许可的做法。静态的制度只有在与外面的

① 自2006年7月1日施行的《信息网络传播权保护条例》第9条规定：“为扶助贫困，通过信息网络向农村地区的公众免费提供中国公民、法人或者其他组织已经发表的种植养殖、防病治病、防灾减灾等与扶助贫困有关的作品和适应基本文化需求的作品，网络服务提供者应当在提供前公告拟提供的作品及其作者、拟支付报酬的标准。自公告之日起30日内，著作权人不同意提供的，网络服务提供者不得提供其作品；自公告之日起满30日，著作权人没有异议的，网络服务提供者可以提供其作品，并按照公告的标准向著作权人支付报酬。网络服务提供者提供著作权人的作品后，著作权人不同意提供的，网络服务提供者应当立即删除著作权人的作品，并按照公告的标准向著作权人支付提供作品期间的报酬。”

世界进行“交往”，才具有制度生命和真实性。[①] 而司法实践中，由于对默示许可认识不足，对默示许可的性质存在诸多争议，在一定程度上阻碍了默示许可的适用，导致司法实践中适用的案例屈指可数。另一方面默示许可的适用条件无法统一，使得默示许可的适用举步维艰，停滞不前。与此同时，默示许可作为侵权抗辩理由仍须证明是否存在再许可的问题进一步限制了默示许可的适用。

由于网络技术的发展，是作品的传播不再只是“一对一”对应的模式，更多的是“一对多”或“多对多”的方式，这使得作品的使用者成几何倍数增加，增加了潜在的使用者数量。由于网络的虚拟性，侵权的隐蔽性，确定侵权人如同大海捞针。权利人与侵权人同时处于这种“汪洋”之中，几乎不可能就某一行为达成合意。正因为如此，有学者认为，默示许可原则不应当局限于特定领域的适用。而将其功能扩大至作为利益平衡的工具，成为一个开放性的概念，以应对现在著作权法领域复杂的利益冲突。[②]

因此，本节选择网络环境中可适用“选择—退出”机制的 Field V.Google 案和 Google 图书馆案作为典型案例分析，希望能为司法实践提供操作指引。

（一）案例介绍

1. Field V.Google 案

本案中，原告 Field 是美国内华达州一名作家兼律师，其创建了一个个人网站，并在网站上发布了 51 部作品。2004 年 Feild 发现 Google 公司未经其许可将其享有版权并刊载于其个人网站的 51 部作品存储于 Google 公司的数据库中，供网络用户在线阅读。Feild 认为 Google 公司这一行为侵犯了其版权，并向内华达州法院提出版权诉讼。[③]

美国联邦区域法官判决认为：第一，Google 的行为不构成直接侵权；第二，Google 享有一项默示许可，即搜索引擎可以显示或链接含 Field 版权作品的网页“快照”；第三，基于“禁止反言”理由，作者不能针对搜索引擎主张版权侵权；第四，根据合理使用原则，Google 公司搜索引擎可以

① [美]弗里德曼. 法律制度[M]. 李琼英，林欣，译. 北京：中国政法大学出版社，1994：13-19.

② See Orit Afori. “Implied License：An Emerging New Standard in Copyright Law”,39 Santa Clara High Tech.L.J.175（2008）.

③ Field V.Google，Inc.,412 F.Supp.2d 1106（D.Nev.2006）.

免费自由的作品；第五，搜索引擎适用《千禧年数字版权法》（DMCA）规定的安全港湾条款。[①]

2．Google 图书馆案

2004 年 Google 推出一项宏大的“数字图书馆计划”，Google 拟与多所著名大学图书馆合作，将纸质图书转化成电子版本存储于 Google 数据库中，供全球网络读者免费检索相关书目信息。[②]但这一计划一经公布，即引起社会各界的强烈反对。Google 拟援用“选择—退出”机制，但此举未得到法院的认可。

法院判决认为：一是数字图书馆具有公益性但 Google 公司是一家商业巨头公司；二与搜索引擎服务不同，Google 数字图书馆计划仅是一个项目并未形成惯例。因此不可援用“选择—退出”机制，其不享有默示许可，可能构成版权侵权并有可能承担巨额的赔偿。

（二）案例引出的问题

案例 1、2 均涉及网络环境中搜索引擎领域对网页快照的抓取行为是否构成默示许可问题。但法院判决结果却不尽相同。针对案例 1，在传统版权理论中，Google 搜索引擎的缓存“快照”是一种版权意义上的“复制”，那么除了存在侵权例外或者合理使用的情况下，Google 公司的行为将构成版权侵权。事实上，Google 隐约认识到了这种潜在的危机，采取了“舍弃”（opt-out）机制，给予网站选择拒绝的方法。方法有三种：一是使用“Robot 排除协议”，网站可以创建一个名为“robots. txt”的文件，告知搜索引擎允许的搜索内容。该协议自 1994 年起已成为行业标准；二是使用元标记（meta-tags）法，在网站的每个页面上加入元标记告知搜索引擎可以使用网站页面的方式。权利人可以对自己作品做出是否允许搜索引擎抓取以及以何种方式使用其内的表示。与“robot 排除协议”不同，元标记只针对单个页面，而前者适用于整个网站；三是权利人可以直接拒绝 Google 的请求，不被搜索引擎抓取。以上方法在搜索引擎行业已经形成行业惯例，对此 Field 也表示知晓，但其未对搜索引擎的行为做出任何的表示或拒绝，法

① Field V.Google，Inc.,412 F.Supp.2d 1106（D.Nev.2006）.

② Google Press Center . Press Release;Google Checks Out Library Books.

院认为Field知晓这一行业惯例，并采取措施维护自己的权利，防止权利进步的损害，存有“钓鱼”意图并且认为权利人是自己权利的守护者，附有维护自己权利的义务，然而其行为不仅置自身权利处于受侵犯的危险之中，而且具有“钓鱼”侵权的意图，因此最后认定其行为授予Google一项默示许可。

案例2由于Field v.Google案中，Google大获全胜，所以Google试图在数字图书馆计划中援用“选择—退出”机制，最终未能如愿。尽管Google在后续的和解协议中，丰富并完善了“选择—退出”机制，更好地平衡了各方的利益，但仍未获得法院的认可。这一结果表明网络环境中默示许可“选择—退出”机制的适用应受到一定的限制。

（三）网络环境是否可适用“选择—退出”机制问题分析

由于网络技术的发展，网络环境中作品的利用形式不断更新并形成惯例，但因缺乏法律的规定，网络使用者无法明确自己的行为是否构成某种侵权或存在侥幸心理，以致网络使用者的行为混乱，无法预测其行为后果。默示许可作为利益平衡的工具，具有一定的开放性，一定程度上能够应对不断发展进步的科学技术带来的著作权侵权问题，但是网络环境中如何适用默示许可或默示许可存在的条件有哪些一直是困扰默示许可适用的难题。也因网络环境复杂多样，对默示许可的适用提出了较高的挑战。若要对网络环境中默示许可适用进行分类，面面俱到实属不易。FieldV. Google案提出的“选择—退出”机制，却很好地解决了这一难题，也为默示许可在网络环境中的适用提供了一种可能。

“选择—退出”机制一定程度上将注意义务转移给了权利人，由权利人根据自己的意志决定其作品是否进入网络环境中的特定领域，这一制度虽然增加了权利人的负担，却是网络环境中默示许可适用的最佳选择。但网络环境中是否可适用“选择—退出”机制仍值得进一步研究。

（四）对两案法院判决的评析

1. 法院判决评析

两案法院在审理案例时都充分的考虑的权利人、使用人与社会公众之间的利益平衡。案例1中法院首先根据著作权法基本理论判断Google的行为是否构成直接侵权。由于搜索引擎抓取“网页快照”的行为属于典型的复制行为，除侵权例外或合理使用的情况下，其行为构成直接侵权。在此基础之上，法院进一步判断是否存在侵权例外或合理使用。由于搜索引擎的具有公益性，并且抓取“网页快照”行为已经形成行业惯例，并且 Field 对此也知晓，因此法院提出了一个新的制度形态“选择—退出”机制，认定本案默示许可成立。尽管“选择—退出”机制使默示许可的适用向前迈进了一大步，但是其适用仍然是有限制的。Google 案即是对“选择—退出”机制的适用应受到限制的最好证明。

2. 网络环境中“选择—退出”机制的限制

“选择—退出”机制指在该制度的初始状态下，推定著作权人已经进入作品的利用与传播的流通市场，当著作权人自主否定后才退出这一流通市场，著作权人的退出是自主选择后才产生的结果，这是著作权默示许可行为的效力停止。而著作权法上的普通许可，其运作机制可称为“选择—进入”机制。依据著作权法的规定，权利人在初始状态下，并不主动介入到作品的利用与传播的流通市场，知道其自主同意后才加入市场流通过程中，其加入是自主选择后的结果，这时著作权许可行为开始产生。可以看出，与普通许可不同，默示许可将预防侵权行为的负担全部转移权利人，从而增加了权利人的负担。[①] 由于著作权法的根本宗旨在于保护作者权利，鼓励创作与传播，所以这种负担不可能是无限制的增加，应受到一定程度的限制和约束。

由于网络环境侵权行为的复杂多变，默示许可“选择—退出”机制的仍处于不断完善和发展的阶段，考虑到权利人、使用人以及社会公众之间的利益，该制度在适用过程中仍应受到一定程度的限制，同时只有对作品善意且合理的使用才能适用默示许可。[②]

① 郭威. 版权默示许可制度研究 [M]. 北京：中国法制出版社，2014：70.

② 郑国辉. 数字图书馆中著作权“有限制”默示许可使用制度研究 [J]. 图书馆建设，2008(06)：40-43.

四、律师承办企业知识产权业务操作指引

因篇幅所限，本节只罗列律师承办著作权案件的操作指引。

（一）著作权诉讼案件

1. 著作权纠纷

著作权纠纷，既有基于著作权的归属、权利的行使等发生的纠纷，也有基于作品的使用而发生的著作权合同纠纷。著作权诉讼案件主要有著作权侵权案件、著作权转让合同纠纷案件、著作权许可合同纠纷案件。

2. 著作权侵权案件

所谓侵犯著作权的行为，是指未经作者同意或其他权利人同意，又无法律上的根据，擅自对著作权作品进行利用或以其他非法手段行使著作权人专有权的行为。

（1）侵犯著作权的表现形式

根据《著作权法》的规定，侵犯著作权的行为有以下多种表现形式。

未经著作权人许可，发表其作品的行为；未经合作作者许可，将与他人合作创作的作品当作自己单独创作的作品发表的行为；没有参加创作，为谋取个人名利，在他人作品上署名的行为；歪曲、篡改他人作品的行为；未经著作权人许可，以展览、摄制电影和以类似摄制电影的方法使用作品，或者以改编、翻译、注释等方式使用作品的行为；使用他人作品未按规定支付报酬的行为；未经电影作品和以类似摄制电影的方法创作的作品、计算机软件、录音录像制品的著作权人或者与著作权人有关的权利人许可，出租其作品或者录音录像制品的行为；未经出版人许可，使用其出版的图书、期刊的版式设计的行为；剽窃、抄袭他人作品的行为；未经著作权人许可，以盈利为目的复制发行其作品的行为；制作、出售假冒他人署名的美术作品的行为；未经表演人许可，现场直播其表演的行为或者公开传送其现场表演的行为；未经著作权人许可，复制、发行、表演、放映、广播、汇编、通过信息网络向公众传播其作品的行为；未经表演人许可，对其表演制作录音录像出版的行为，或者通过信息网络向公众传播其表演的行为；出版他人享有出版权的图书的行为；未经录音录像制作人许可，复制、发行、通过信息网络向公众传播其制作的录音录像制品的行为；未经广播电台、

电视台许可，转播、复制发行其制作的广播、电视的行为；未经著作权人或者与著作权人有关的权利人许可，故意避开或者破坏权利人为其作品、录音录像制品等采取的保护著作权或者与著作权有关的权利的技术措施的行为；侵犯著作权以及与著作权有关权利的行为。

（2）侵犯著作权的民事法律责任

侵犯著作权行为发生后，律师在诉讼过程中应掌握以下几种处理方式。

①停止侵害

行为人正在实施侵害他人著作权的行为时，权利人有权要求其停止侵权行为，其目的是防止损害结果扩大。

②消除影响

作品著作权被侵害后，权利人有权请求行为人或者诉请法院责令行为人在一定范围内澄清事实，以消除人们对权利人或者其作品的不良印象，使社会对其评价恢复到未受侵害前的状态。一般来说，行为人在多大范围内给著作权人造成不良影响和损害，就应在多大范围内消除影响。

③公开赔礼道歉

这是保护权利人的人身权的有效措施。具体方式有：登报致歉、在公共场所声明或借助其他媒介表明歉意。

④赔偿损失

主要适用于对著作财产权的侵害；对著作人身权的侵害，只有给权利人造成一定的经济损失时，才能适用赔偿损失的方法。根据《著作权法》的规定，侵犯著作权或者与著作权有关的权利的，侵权人应当按照侵权人的违法所得给予赔偿。赔偿数额还应当包括权利人为制止侵权行为所支付的合理开支。权利人的实际损失或者侵权人的违法所得不能确定的，可根据当事人的申请，由法院根据侵权行为的情节，判决给予 50 万元以下的赔偿。

3. 著作权转让合同纠纷案件

著作权转让合同纠纷案件，是指著作权人将其作品使用权一部或全部在法定有效期内转移给他人，在此转让过程中转让人和受让人之间出现的纠纷。一般表现为：转让合同中负有义务的一方当事人不履行自己承担的义务；合同中负有义务的一方当事人履行合同义务不符合预先约定的条件或者只履行了一部分。

4. 著作权许可使用合同纠纷案件

著作权许可使用合同纠纷，是指著作权人在将自己的作品以一定的方式、在一定的地域和期限内许可他人使用的过程中出现的纠纷。律师应注意审查：被许可人行使权利时是否擅自超出约定的权利；是否是在约定的方式、约定的地域和约定的期限内行使著作权；被许可人不得擅自将自己享有的权利许可其他人使用；著作权人可以将同样权利以完全相同的方式，在相同的地域和期限内许可他人使用，除非被许可人享有专有许可权；除专有许可外，被许可人对第三人侵犯自己权益的行为一般不能以自己的名义向侵权人提起诉讼，只能以著作权人的名义提起诉讼。

5. 著作权纠纷案件律师代理应注意的问题

第一，全面了解目前有关著作权保护的法规、政策，正确认定侵犯著作权的行为。要注意不要把许可使用权的行为，也当成侵犯著作权的行为来认定。

第二，要注意正确认定是专著还是合著及著作权人享有的具体权利。

第三，对于扣付、少付或迟延付酬的纠纷，要注意结合有关法规，全面维护委托人的合法权益。

第四，注意诉讼时效的规定。著作权侵权案件应在两年内提起诉讼。

第五，原告在向法院提出要求被告赔偿损失的诉讼请求后，应提供相应的证据。一般采用依据被侵权人或侵权人所得来确定赔偿数额。

（二）著作权非诉讼代理

律师非诉讼著作权代理，主要是指律师接受委托，以委托人的名义并为了委托人的利益，在委托人的授权范围内，代理委托人办理著作权登记、转让、许可使用等法律事务的行为。律师的著作权实务如下。

1. 代理版权登记

著作权人对自己的作品在行政机关进行登记，能够在形式上给予确认，使其归属明确，可以减少和防止纠纷的发生。各省、自治区、直辖市版权局负责本辖区作者或其他著作权人的作品登记工作。

我国对计算机软件著作权实行特别的登记制度。根据《计算机软件著作权登记办法》的规定，申请软件著作权登记的原则是，一项软件著作权的登记申请只限于一个独立发表的、能够独立运行的软件。合作开发的软件进行登记时，可以由各著作权人协商确定一个著作权人作为代表办理。

2. 版权代理

代理著作权人进行国内外的版权贸易洽谈；代理商谈合作出版业务；为著作权人提供转让版权的信息；帮助签约，维护著作权人的合法权益。

3. 版权法律服务

对著作权及相关法律、法规的咨询服务，出具相关的法律意见书；对专项著作权进行相关的法律服务；代为对著作权侵权行为进行调查、取证；代理著作权及其相关纠纷的调处；为各类出版、新闻单位及网络服务商和个人提供法律顾问服务。

4. 协助委托人签订著作权许可合作合同

具体包括：出版合同、表演合同、录制合同、播放合同、改编合同等，该类合同应当具备以下条款。

第一，许可使用作品的方式。使用的方式可以是一种，也可以多种。

第二，许可使用的权利是专有使用权还是非专有使用权。如果未作约定，或约定不明，一旦发生纠纷，法律通常只能认为被许可人取得的是非专有使用权。

第三，许可使用的范围、期间。合同的有效期限不超过10年，合同期满可以续订。

第四，付酬标准和办法。

第五，违约责任。

第六，双方认为需要约定的内容。

5. 协助委托人签订著作权转让合同

该类合同应当包括以下内容。

作品的名称；转让的权利种类、地域范围；转让价金；交付转让价金的日期和方式；违约责任；双方认为需要约定的其他内容。

第四章　国企改制与产权转让法律实务操作

国有企业改制是适应现代社会生产发展、落实经济体制改革的重要体现，通过改制实现以市场经济为基础，以企业法人制度为主体，以有限责任制度为核心，产权清晰、权责明确、政企分开、管理科学的新型企业。企业改制增强了国有企业的活力和竞争力，但由于政策、体制、法制等方面原因，导致国有企业改制中出现了一系列法律问题，如企业改制过程中国有资产如何保值增值、原有债权债务如何承担、职工劳动关系如何转变等，这些问题已成为国企改革进程中的风险所在。

由于国企改制程序复杂、周期长、所涉法律法规及规范性文件繁杂、涉及人员众多、资产巨大，所以必须由专业的律师团队来指导企业完成改制过程，承办律师及企业管理层在法律层面上必须掌握足够的知识和实务操作的技能。

一、国企改制中的法律问题

（一）国企改制面临的法律问题

全民所有制向产权制度的转变过程中，因历史、政策、体制等原因，企业内外部发生了巨大变化，如出资结构变化、内部治理结构转变、国家产权发生变更或注销、企业职工及管理工作者身份转化等，势必会遇到一系列法律问题，如缺乏公开透明度，导致企业改制中产权交易过程欠缺合规性；改制企业资产评估不规范，国有资产不能保值增值，导致国有资产流失严重；企业改制工作缺乏制约机制，导致逃、漏、废债现象；公司性质变更，原有职工劳动关系不能有效承接；国企改制大多依据中央、国务院政策性文件及部门规章，人民法院审理企业改制案件中在适用法律方面存在一定的困难。

如何能在企业改制之前、改制过程中做好基础工作、及时发现问题，防范法律风险，确保改制过程的合法合规，是本章主要探讨的问题。

（二）当前国有企业改制中存在的法律问题

1. 国有资产流失

《中华人民共和国企业国有资产法》第十条规定：国有资产受法律保护，任何单位和个人不得侵害。此外，第四十二条规定：企业改制应当按照规定进行清产核资、财务审计、资产评估，准确界定和核实资产，客观、公正地确定资产的价值。在企业改制资产评估实际操作过程中缺乏监管，或聘请的评估机构资质欠缺；或对资产进行低价评估；或只注重有形资产，而对商标、专利等无形资产不进行评估或评估不足等问题。此外，个别国有企业中的职员从个人利益出发，通过违法手段，减少企业资产，达到侵占国有资产、据为己有的非法目的。凡此种种，不准确的资产评估都将导致国有资产的流失、无法实现保值增值的目标。

2. 债权债务承担

国有企业公司制改制是当前企业改制的一个重要方式，因改制过程中牵涉到各方面利益的重整与再分配，存在未经债权人同意，擅自改变债务承担主体；借改制之机、以改制之名行逃债之实；在对原企业的改制、兼并等过程中对原有债务的承担等问题。在理论及实际操作过程中，企业改制可以分为整体改制为公司和部分改制为公司两种基本形式[①]。在企业整体改制为公司的情形下，包括改制为有限公司或股份公司，若通过增资扩股或转让部分企业权益的方式引入新的投资者，此时，企业的资产规模无论变大还是不变，对于原企业债权人而言，都不增加其债权受偿风险，甚至还可能增加其债权受偿保障。但对于部分改制为公司的，如将企业部分优质资产与其他公司合资重组，仅是保留一定资产在原企业，因企业部分财产已经转移到新设公司中，致原企业资产价值下降，其对外偿债能力也相应降低，容易发生债务承担问题纠纷。

① 钱卫清，李智慧．成功改制 [M]．北京：法律出版社，2003：228.

3. 职工劳动关系转变

在国企改制过程中，关系职工切身利益、容易引发法律纠纷的就是劳动关系问题。在计划经济体制下，国有企业劳动关系实际上是“国家包揽、行政隶属、身份差别、终身固定”[①]的国家属性劳动关系。但在市场经济体制下，职工与用人单位的关系，更多的是以经济利益为基础，通过法律进行约束的市场化劳动者与用人单位之间的关系。

国企改制中所涉及的劳动、人事、分配三项制度改革，目的也包含尽快形成企业职工能进能出、收入能增能减的机制，使其逐步与体制外的劳动力市场接轨。但由于部分国企中存在事业性质的单位，人员编制问题较为复杂，涉及干部、工人、聘用人员等各种成分。在社会保障方面，由于事业单位人员无须缴纳社会养老保险，存在职工与其他企业在重新建立劳动关系后，无法达到保险缴纳最低年限，影响其享受社会保障的权益，容易引发劳动争议仲裁案件。

二、国有产权转让中的法律问题

企业国有产权，是指国家对企业以各种形式投入而形成的权益，国有及国有控股企业各种投资所形成的权益以及依法认定为国家所有的其他权益。国有企业的改制重组过程中必然伴随着大量的产权转让行为，这些产权转让行为对有效实现企业改制重组起着纽带和桥梁的作用。在企业国有产权转让过程中，必然伴随着大量的法律问题有待解决。目前，国家已经对涉及企业国有产权的转让行为通过相关法律及政策进行了严格的实体及程序性规范，使得企业国有产权转让具有更显著的政策指导性和法律强制性。正确理解和把握企业国有产权转让的相关法律规定，有助于我们开展国有资产的企业改制重组项目，确保企业改制重组项目内容的合法有效和项目进程的顺利推进，确保国有产权的安全运行。

（一）企业国有产权转让的主体要适格

企业国有产权转让主体，即企业国有产权转让的转让方与受让方即企业国有产权转让的当事人。主体的适格是企业国有产权转让的前提条件，

① 任洪斌．国有企业改制解惑 [M]．北京：中国财政经济出版社，2004：2.

主要包括以下内容。

首先，企业国有产权转让主体应当具有合法的市场主体资格。根据《合同法》的规定，无论是资产收购项目还是股权转让项目，所涉及的主体必须是合法存续的经济组织或自然人，包括目标公司、资产收购项目中的资产受让方以及股权转让项目中的股权转让方和受让方。这种合法存续是指交易主体具有市场主体的合法资格，对于经济组织而言，即取得合法的营业执照，并且依据法律规定履行了有效的年检手续；对于自然人而言，则应当是具有完全民事行为能力的公民。

其次，企业国有产权转让的主体对交易客体拥有合法的产权。产权交易的客体，即企业国有产权。其转让方对所交易的资产或者股权具有实际的控制权和处置权，即拟转让资产的目标公司或者是股权的出让方是该资产或产权的合法所有人，权属不明确或者存在纠纷的企业产权不得转让；被设置为担保物权的企业产权，应当符合《担保法》的有关规定。必须注意的是，国有产权的转让具有特殊性，在目标公司为国有独资公司或者是全民所有制企业时，企业的产权转让应当首先经过国家授权投资机构和部门、国有资产管理部门或者是企业主管部门的批准。

最后，企业国有产权转让主体从事该产权交易符合公司法的有关规定。根据我国公司法的规定，有限责任公司的股东向股东以外的人转让其出资时，必须经过其他股东过半数同意，其他股东半数以上不同意转让的，不同意转让的股东应当购买该转让的股权。经股东同意转让的股权，在同等条件下，其他股东有优先购买权。根据以上规定，股权转让过程中，取得其他股东同意并且其放弃股东优先购买权是股东进行股权转让的前置条件。如果其他股东不同意该股权转让并且决定行使购买权，则股权交易就必须在公司内部进行。在此情况下，拟进行股权转让的股东就不具有对外转让的合法主体资格。

（二）企业国有产权转让的合同内容要合法、完备

因为企业国有产权转让最终要通过合同形式确定转受双方当事人的权利和义务，其转让行为必然受到《合同法》（2021 年 1 月 1 日已并入《民法典》合同篇）的规范，企业国有产权转让合同的条款必须合法和完备。除此之

外，企业国有产权转让由于涉及国家对于国有资产的监督和管理，故其条款及其内容还必须遵守特别的规定。《企业国有产权转让管理暂行办法》(以下简称《办法》)规定了企业国有产权转让的主要条款，应当包括下列内容：转让方与受让方的名称和住所；转让标的国有产权的基本情况；转让标的企业涉及的职工安置方案；转让标的涉及的债权债务处理方案；转让方式，转让价格，价款支付时间、方式及付款条件；产权交割事项，转让涉及的有关税费负担；合同争议的解决方式；合同各方的违约责任；合同变更和解除的条件；转受双方认为必要的其他条款。

（三）企业国有产权转让要履行相应的程序

为了保证国有资产监督管理部门的有效监控，确保国有资产不致流失，企业国有产权转让应当履行严格的程序，这些程序主要包括以下环节。

1. 内部决策程序

《办法》规定，企业国有产权转让首先应当做好可行性研究并履行内部决策程序：由总经理办公会议或者董事会审议形成书面决议，涉及职工合法权益的，应当听取目标企业职工代表大会的意见，对职工安置等事项应当经职工代表大会讨论通过。

2. 通过产权交易机构选择受让方

企业国有产权转让方应当在国家设立的产权交易机构公开披露企业国有产权转让信息，广泛征集受让方。《办法》规定：转让方应当将产权转让公告委托产权交易机构刊登在省级以上公开发行的经济或者金融类报刊和产权交易机构的网站上，公开披露企业国有产权转让有关信息，广泛征集受让方。转让方可以对受让方的资质、商业信誉、经营情况、财务状况、管理能力、资产规模等提出必要的受让条件。经公开征集产生两个以上受让方时，转让方应当与产权交易机构协商，根据转让标的的具体情况采取拍卖或者招投标方式确定受让方并组织实施产权交易。《办法》同时规定：经公开征集只产生一个受让方或者依照有关规定经国有资产监督管理机构批准的，可以采取协议转让的方式。企业国有产权转让经过对有关事项的充分协商成交后，转让方与受让方应当签订（或草签）产权转让合同。

3. 律师事务所出具法律意见书

《办法》规定，律师事务所出具的法律意见书是企业国有产权转让报请审批的必备文件之一。实践中具体的做法是：企业国有产权转让经过内部决策程序后，改制企业应当根据企业的具体情况，结合审计评估结果编制改制重组预案，对企业改制或者是企业国有产权转让的总体思路和方法、步骤等作出具体的安排。预案的内容首先应当经过聘请的专业律师进行法律审查，对企业国有产权转让的主体资格、产权转让协议的内容以及其他相关问题从法律的角度做出判断和认定，出具法律意见书。

4. 报请审批程序

即企业国有产权转让的外部批准程序。《办法》规定，国有资产监督管理机构决定所出资企业的国有资产转让。其中，转让企业国有产权导致国家不再拥有控股地位的，应当报本级人民政府批准。所出资企业决定其子公司的国有产权转让。其中，重要子企业的重大国有产权转让事项，应当报同级国有资产管理机构会签财政部门后批准。其中涉及政府公共管理审批事项的，需预先报经政府有关部门审批。

5. 企业国有产权交易程序

《办法》规定，企业国有产权转让应当在依法设立的产权交易机构中公开进行，不受地区、行业、出资或者隶属关系的限制。这是国家对企业国有产权交易实施监督管理，促进企业国有资产的合理流动的强制性管理措施。企业国有产权转让的交易程序与非国有产权的交易存在较大的差别。同时在交易方式上，企业国有产权转让也有严格的规范要求。

（四）企业国有产权转让应当注意的其他相关法律问题

1. 企业国有产权转让可以不进场交易的例外情形

《办法》的规定，企业国有产权转让应当在依法设立的产权交易机构中公开进行。即通常情况下，企业国有产权转让要求在特定的公开场所进行交易。但是，根据相关的法律规定或者审批文件，有些情况下的企业国有产权转让可以不在产权交易机构公开进行。这些情形主要包括以下内容。

（1）经审批确定的特殊情况

根据《办法》第三十条规定：对于国民经济关键行业、领域中对受让方有特殊要求的，企业实施资产重组中将企业国有产权转让给所属控股企业的国有产权转让，经省级以上国有资产监督管理机构批准后，可以采取协议转让的方式转让国有产权。

（2）国有企业或公司的增资行为

国有企业或者公司的增资涉及企业净资产的折价以及相应的企业注册资本或者是公司股权的变化，对于这种情形，我国目前的法律法规没有要求其必须在产权交易市场公开进行的强制性规定。目标企业或公司根据自身情况选择具体的方式。

（3）主辅分离，对辅业进行改制的企业国有产权转让

根据《关于国有大中型企业主辅分离辅业改制分流安置富余人员的实施办法》（国经贸企改〔2002〕859 号），对于改制企业的国有净资产按规定进行各项支付的剩余部分，采取向改制企业的员工或者外部投资者出售的，应当按照国家规定办理，具体交易方式可以由所出资企业或其主管部门决定。即此类企业国有产权转让的方式可以由所出资企业自行决定或者由其主管部门进行选择，并不强制性要求其企业国有产权转让必须进入产权交易市场公开进行。

2. 禁止“手拉手”进场交易

所谓“手拉手”进场问题，是指企业国有产权的转让方与受让方在进入产权交易市场公开交易前已经就企业国有产权转让事项私下达成了协议，双方为了符合进场公开交易的强制性规定，“手拉手”进入产权交易市场走走过场。这种交易行为受到国家法律政策的严格限制。因为一方面“手拉手”进场交易，无形中剥夺了其他潜在投资者受让国有资产的机会，侵犯了其他投资者的公平竞争的权利，与产权交易市场公开竞价、公开交易的初衷相违背，极大地影响了市场的资源优化配置作用。另一方面，“手拉手”进场交易实质上是采取了私下进行的协议转让方式，这种转让方式由于没有通过公开竞价的方式进行实现国有资产价值的最大化选择，又缺乏国有资产管理部门的监管和市场的检验，极有可能造成国有资产的损失或者流失。

为防止转让方与受让方“手拉手”进场交易的行为，《关于印发全国投资项目在线审批监管平台投资审批管理事项统一名称和申请材料清单的

通知》（发改投资〔2019〕268 号）对企业国有产权转让的信息公开披露和意向受让方的登记管理作了特别的规定，从而保证了企业国有产权转让信息披露的广泛性和充分性。

三、律师承办国企改制与产权转让业务操作指引

本节以主要改制形式的工作要点和《民法典》实施后，关于国有股权转让未经批准不生效，是否有变化为例，探讨律师承办国企改制与产权转让业务操作指引。

（一）主要改制形式的工作要点

1. 以重组方式实施改制的工作要点

律师依照现行法律，根据改制企业的实际情况，结合产权主体的改制意图，协助委托人设计以股权重组、资产重组、债务重组等方式进行改制的方案。

（1）关于股权重组

律师应注重股权重组的基础法律关系，以国有企业出资人和其他投资者为股权重组的主体，以改制企业的股权为参与各方权利与义务的对象。如果涉及股权转让、股权置换、增资扩股、发行股票、引进战略投资者、管理层收购等具体股权重组业务，律师依据相关法律、法规协助产权主体编制方案和实施措施。

（2）关于资产重组

律师应注重资产重组的基础法律关系，以改制企业和资产买卖方、置换方为资产重组的主体，以改制企业的法人财产为参与各方权利义务的对象。如果涉及资产转让、资产置换、资产剥离、资产证券化等具体资产重组业务，律师应根据不同资产的性质（如实物资产、无形资产、收益性资产、不动产等），结合相关法律、法规协助改制企业编制方案和实施措施。

（3）关于债务重组

律师应注重债务重组的基础法律关系，以债权债务关系的当事人（债权人、债务人、担保人等）、改制企业和国有企业的出资人为债务重组的主体，以改制企业的债权、债务以及被用来实现重组目的的资产或股权为参与各

方权利义务的对象。如果涉及债权转让、债务转让、债务抵销、债权转股权、资产变现偿债等具体债务重组业务，律师应根据债权或债务的性质，结合相关法律、法规协助改制企业编制方案和实施措施。

2. 以联合方式实施改制的工作要点

律师按照产权主体的改制意图，从国有企业系列改制出发，协助产权主体或改制企业编制国有企业实行集团化改制（企业集团化、控股公司化）的具体方案，实现以联合方式完成国有企业的结构性改制。

（1）关于企业集团

律师应注意企业集团在组织结构、法律性质上的特点，从企业集团的股权设置和集团内法人治理结构的方面为产权主体、改制企业提供意见，参与制订方案。

（2）关于控股公司

律师应注意控股公司与企业集团的区别，注意控股公司对外投资持股方式上的特殊性，着重从股权管理的角度设计控股公司内部企业的相互关系，为产权主体、改制企业提供意见，参与制订方案。

（3）关于投资公司

律师接受国有投资公司的委托，为国有增量资本整合改制企业提供法律服务。律师着重从投资效益最大化、安全退出机制、国有资本市场化运作的风险化解方面提出意见，参与方案制订。

律师不应将企业法体系下的企业联营、横向经济联合的法规，运用于国有企业的改制方案和改制工作。

3. 以兼并方式实施改制的工作要点

律师可以接受兼并一方的国有企业的委托，也可以接受产权主体、改制企业的委托，完成以兼并方式实施改制的工作。

律师应注意企业法和公司法的结合运用，选择先改制再兼并或先兼并再改制的不同方式。选择先改制后兼并方式的，兼并程序应执行公司法吸收合并的规定。选择先兼并后改制方式的，兼并程序按企业法的有关规定执行，然后根据公司法的要求改制。

律师应提醒委托人注意对是否取消被兼并企业的法人资格在方案上做出明确选择。除了被兼并企业暂时无法改制而保留其法人资格外，一般应取消被兼并企业的法人资格。

被兼并企业因故以非公司制企业的组织形式保留其法人资格的，律师应建议委托人在改制方案中具体说明被兼并企业实施改制的计划。

改制企业因兼并而形成法人财产不实或注册资本不足的，律师应建议委托人在改制方案中安排资产核销手续、减资或补足资本的手续。

4. 以租赁或承包方式实施改制的工作要点

律师应在非公司制企业改制为公司制企业的基础上，协助产权主体或改制企业在改制方案中作出企业租赁或企业承包的安排。

改制企业是企业租赁的出租方。企业出租是改制企业整体法人财产的占有权、使用权、收益权的有偿和有期限的让渡。律师可接受委托，对承租人独立从事生产经营活动的资格进行审查。

改制企业是企业承包的发包方。企业承包是承包人使用改制企业的营业执照、以改制企业名义对外从事经营活动的一种经营方式。律师应建议发包人对承包人的权利义务的约束，提醒改制企业注意企业承包经营方式存在的风险责任。

5. 以合资方式实施改制的工作要点

律师根据《利用外资改组国有企业暂行规定》《外国投资者并购境内企业暂行规定》及有关外商投资企业的法律、法规，协助产权主体或改制企业设计改制方案，把握相关程序，实施以合资形式完成国有企业改制的工作。

其他改制当事人（如国有产权受让人、被吸收的新投资者）是境外投资者的，无论改制方案采用何种重组方式，律师均应注意在法律适用、审批程序、交易安排上内资与外资的区别，避免将内资适用的法规运用在外资项目上。

律师接受委托，根据省、市一级的外国投资工作委员会的相关要求，代理产权主体或改制企业进行外资并购国有企业的报批工作。

律师接受委托在与境外当事人及其代理人进行谈判的，应当关注对方的主体资格、并购形式、交易手段、支付方式及其与我国现行法律的差异，积极解说我国外资并购的法律。如果认为上述交易存在与我国现行法律不相一致的内容，律师应报告委托人或在《法律意见书》中加以说明。

实践中，合资外方往往提供内容相当复杂的合资经营合同及公司章程，承办律师需要十分谨慎审查合同条款，审查依包括《中华人民共和国公司法》《中华人民共和国中外合资经营企业法》及《实施条例》。

6. 以转让国有产权方式实施改制的工作要点

律师应从基础法律关系角度提醒委托人把握国有产权转让方式上的差别，根据改制企业的产权状况，协助产权主体或改制企业具体确定采取股权形式的产权转让方式或资产形式的产权转让方式，简称"资产转让"或"资产出售"。

（1）关于股权形式的产权转让

律师应注重股权转让的基础法律关系，以国有企业出资人和国有产权受让人为股权转让的主体，以改制企业的股权为交易对象，协助产权主体设计方案，协助进行产权交易。

（2）关于资产形式的产权转让

律师应注重资产转让的基础法律关系，以改制企业和企业资产的受让人为资产转让的主体，以改制企业的法人财产为交易对象，协助改制企业设计方案，协助进行产权交易。

律师指导国有企业产权交易时，应配合产权交易所的工作，与产权交易所的有关业务部门沟通信息，同时与产权经纪部门建立友好的业务合作关系。律师在国有企业产权交易的法律问题上与产权经纪部门发生意见分歧，应征询并尊重产权交易所的意见。

7. 以股份制方式实施改制的工作要点

律师接受委托，根据公司法的规定，向产权主体提出股份制改制方式的咨询意见。股份制改制的方式，分有限责任公司和股份有限公司两种形式。非经上海市国有资产监督管理委员会同意，律师不向产权主体提出采用国有独资公司形式的意见。

对国有企业进行股份制改制时，改制企业的股权多由产权主体的关联企业持有的情况（未吸收新的投资者或新投资者持股比例很低的），律师接受委托，在改制企业法人治理结构问题上向产权主体提出规范化安排的专项意见，防止改制企业改制后出现未转变经营机制的现象。

对拟采用股份有限公司形式进行改制的企业，律师要注意股份有限公司审批、登记的有关规定。对拟发行股票的企业，律师要注意中国证监会的有关规定。

国有企业改制中向职工募集资金的，律师应根据有关法律、法规在《法律意见书》中做出专项说明。

8. 以股份合作制方式实施改制的工作要点

律师根据改制企业的具体情况，特别关注改制企业职工的意愿，协助改制企业设计股份合作制改制方案。

律师应适用股份合作制的相关法规，协助改制企业处理采用股份合作制方式改制的相关事务。对采用股份合作方式改制的企业，一般不适用公司法关于有限责任公司的相关规定。

律师接受委托，协助股份合作制改制企业设计合法的股权结构。股东人数超过50人的，必须适用股份合作制相关法规。股东人数未超过50人的，改制企业经征询各方意见而适用公司法关于有限责任公司的规定进行改制的，律师一般应建议改制企业告知新股东该企业改制将不再依据相关法规引入股份合作制机制。

律师接受委托，对股份合作制企业的法人治理结构在改制方案中做出安排，重点关注企业权力部门与全体持股职工的相互关系。

律师应告知改制企业按照最高人民法院《关于审理与企业改制相关的民事纠纷案件若干问题的规定》第8条至第11条的精神，处理债权债务，改制方案中应确定原有的债权债务，并告知改制企业公告债权人，依法进行债权登记。

（二）《民法典》实施后，关于国有股权转让未经批准不生效，是否有变化

1. 国有股权转让合同，未经有权机关批准则不生效

这个规则，是一个在司法实践中才清晰确立起来的规定。之所以是在司法实践中才清晰起来的，是因为在立法方面有不明确的地方，单纯从学术角度来说，可能得出不同的结论来。

涉及国有股权转让合同的法律法规及其他规定，在《民法典》实施前，主要是《企业国有资产法》公司法《合同法》以及《企业国有资产监督管

理暂行条例》《企业国有资产交易监督管理办法》。其中，从立法级别来说，前3个属于我国的法律，《企业国有资产监督管理暂行条例》属于行政法规，《企业国有资产交易监督管理办法》属于部门规章。

2021年1月1日起，《民法典》开始施行。与此同时，《合同法》废止。关于合同的生效以及效力等问题上，由于立法的结构和法典整体逻辑的安排，《民法典》并没有直接将《合同法》中的相关条款原样吸收过来。

因此，在国有股权转让合同未经批准不生效这个规则方面，来看看是否有变化。

2. 所谓国有股权，是指属于国有资产的公司股权或者股份

这里的"国有资产"，包括国有及国有控股企业、国有参股企业中的国有资产。《企业国有资产交易监督管理办法》第四条规定如下。

本办法所称国有及国有控股企业、国有实际控制企业包括：

（一）政府部门、机构、事业单位出资设立的国有独资企业（公司），以及上述单位、企业直接或间接合计持股为100%的国有全资企业；

（二）本条第（一）款所列单位、企业单独或共同出资，合计拥有产（股）权比例超过50%，且其中之一为最大股东的企业；

（三）本条第（一）、（二）款所列企业对外出资，拥有股权比例超过50%的各级子企业；

（四）政府部门、机构、事业单位、单一国有及国有控股企业直接或间接持股比例未超过50%，但为第一大股东，并且通过股东协议、公司章程、董事会决议或者其他协议安排能够对其实际支配的企业。

国有股权的标的公司类型，包括有限责任公司和股份有限责任公司。

3. 关于国有股权转让合同应当要进行审批，主要是依据以下规定。

《企业国有资产监督管理暂行条例》第二十三条　国有资产监督管理机构决定其所出资企业的国有股权转让。其中，转让全部国有股权或者转让部分国有股权致使国家不再拥有控股地位的，报本级人民政府批准。

第二十四条　所出资企业投资设立的重要子企业的重大事项，需由所出资企业报国有资产监督管理机构批准的，管理办法由国务院国有资产监督管理机构另行制定，报国务院批准。

《企业国有资产交易监督管理办法》第七条　国资监管机构负责审核

国家出资企业的产权转让事项。其中，因产权转让致使国家不再拥有所出资企业控股权的，须由国资监管机构报本级人民政府批准。

第八条　国家出资企业应当制定其子企业产权转让管理制度，确定审批管理权限。其中，对主业处于关系国家安全、国民经济命脉的重要行业和关键领域，主要承担重大专项任务子企业的产权转让，须由国家出资企业报同级国资监管机构批准。

转让方为多家国有股东共同持股的企业，由其中持股比例最大的国有股东负责履行相关批准程序；各国有股东持股比例相同的，由相关股东协商后确定其中一家股东负责履行相关批准程序。

4. 关于国有股权转让合同生效的规定，原先主要集中在《合同法》中的相关规定，现在集中于《民法典》。

在原《合同法》（已经废止）中，关于合同生效的规定如下。

第四十四条　依法成立的合同，自成立时生效。

法律、行政法规规定应当办理批准、登记等手续生效的，依照其规定。

第四十五条　当事人对合同的效力可以约定附条件。附生效条件的合同，自条件成就时生效。附解除条件的合同，自条件成就时失效。

当事人为自己的利益不正当地阻止条件成就的，视为条件已成就；不正当地促成条件成就的，视为条件不成就。

第四十六条　当事人对合同的效力可以约定附期限。附生效期限的合同，自期限届至时生效。附终止期限的合同，自期限届满时失效。

最初在国有股权转让合同生效问题上的疑问，主要就是因为上面援引的第四十四条的第二款的内容“法律、行政法规规定应当办理批准、登记等手续生效的，依照其规定。”有观点认为，在关于国有股权转让合同应当要进行审批的相关规定里，并没有明确规定“未经批准就不生效”。这是有些道理的，因为在其他法律法规的立法中，有的立法内容是明确写明哪些行为未经批准是不生效的。另外，从法律逻辑来说，同样是存在“已经生效但未经批准而无法履行的合同”。

当然，这些学术上的争议，现在基本上在实务方面平息了。现在的司法实践，基本上明确了国有股权转让合同“未经批准不生效”的这个共识。

5.《民法典》中，关于合同生效的规定，主要有以下条文。

第一百五十八条　民事法律行为可以附条件，但是根据其性质不得附条件的除外。附生效条件的民事法律行为，自条件成就时生效。附解除条件的民事法律行为，自条件成就时失效。

第一百五十九条　附条件的民事法律行为，当事人为自己的利益不正当地阻止条件成就的，视为条件已经成就；不正当地促成条件成就的，视为条件不成就。

第一百六十条　民事法律行为可以附期限，但是根据其性质不得附期限的除外。附生效期限的民事法律行为，自期限届至时生效。附终止期限的民事法律行为，自期限届满时失效。

第五百零二条　依法成立的合同，自成立时生效，但是法律另有规定或者当事人另有约定的除外。

依照法律、行政法规的规定，合同应当办理批准等手续的，依照其规定。未办理批准等手续影响合同生效的，不影响合同中履行报批等义务条款以及相关条款的效力。应当办理申请批准等手续的当事人未履行义务的，对方可以请求其承担违反该义务的责任。

依照法律、行政法规的规定，合同的变更、转让、解除等情形应当办理批准等手续的，适用前款规定。

虽然《民法典》将《合同法》的一部分规定调整包含在“民事法律行为”的规定中，但是，从实质上来说，关于“合同生效”这个内容，立法没有实质性的变化。

另外，需要注意的是，仍然是要区分“合同不生效”和“合同无效”这两个概念。这两个概念，过去一直有很多人在实际使用中搞混。

现在，在《民法典》的条文中，也明确将这两个概念区分了开来。《民法典》第五百零七条规定：合同不生效、无效、被撤销或者终止的，不影响合同中有关解决争议方法的条款的效力。这个条文中，就是将“不生效”和“无效”区分了开来。

四、国企改制与产权转让案例实证分析

（一）案例

南方某市，一家国有独资实业发展公司在进行企业改制时，拟以该公司净资产6折的优惠价（几十万元）将部分产权转让给原企业法定代表人及部分职工，由于不准备进场交易，引起社会较大反响。市国有资产管理部门根据举报线索，及时制止了这起场外转让行为。在重新委托中介机构对公司资产进行评估后，该公司按规定进场交易，最终以二百多万元成交。

某市一家拥有数块优越土地资产的城建开发公司准备改制，根据规定，出让底价确定后，由市相关企业改革办公室统一在相关媒体及网站上进行公告，组织公开招标。一些外地的私营企业得知这个消息后，对此产生了浓厚的兴趣，甚至有人提着钱去参加竞买。到当地之后，当地政府有关部门负责人却讲："如果我们向全国公开招标的话，就会在相关的媒体、网站公告，但我们只打算在系统内转让。"此时，前来竞买的人才得知交钱也无门，更别提参与竞标了。在允许报名竞买两个月后，这家开发公司才公布资产出让公告。该公告仅在城建开发公司等两处贴出，且没显示公司的资产出让价格。即便如此。这家开发公司还要求竞买者必须是本市系统内的企业，且有着三年以上企业法定代表人经验者。当时报名的人中只有两位符合这个条件，其中一位申请报名后，被有关部门劝其退出，劝退不成则干脆取消了他参加竞买的资格，最后剩下原公司总经理这个唯一的竞买者。于是。这家开发公司就把数千万元的资产以300多万元的价格转让给了这唯一的竞买者。

（二）评析

第一个案例是国有产权转让不进入市场、搞场外交易。第二个案例是规避市场交易。出让者一是采取属地限制、行业限制等不正当做法，把外地竞买者拒之门外。二是不按规定的内容、方式、时间公开产权转让信息，用信息披露不全或延迟披露主要信息、改变信息公布方式、缩小知情范围等手段，达到减少竞买者的目的。三是对意向竞买者提出违反公平竞争原则的条件，甚至直接劝其退出，避开招标竞争，形成事实上的定向转让。

2003年，国务院办公厅转发的《关于规范国有企业改制工作的意见》和国务院国资委和财政部颁布实行的《企业国有产权转让管理暂行办法》都规定，企业国有产权转让应当在依法设立的产权交易机构中公开进行，不受地区、行业、出资或者隶属关系的限制，国家法律、行政法规另有规定的，从其规定。由此可见：第一，进场交易必须选择依法设立的产权交易机构，而不是随便到哪家产权交易机构就可以的。作为中央企业产权交易的推荐机构，各省、市也按规定组织选定产权交易机构。第二，进场交易的方式是公开交易，所谓公开交易首先是公开产权交易信息，《办法》要求转让方应当将产权转让公告委托产权交易机构刊登在省级以上公开发行的经济或者金融类报刊和产权交易机构的网站上，公开披露有关企业国有产权转让信息，广泛征集受让方。产权转让公告期为20个工作日，转让方披露的企业国有产权转让信息应当包括下列内容：转让标的的基本情况；转让标的企业的产权构成情况；产权转让行为的内部决策及批准情况；转让标的企业近期经审计的主要财务指标数据；转标的企业资产评估核准或者备案情况；受让方应当具备的基本条件；其他需披露的事项。第三，产权转让的范围除国家有明确规定者外，原则上不受限制。第四，买方不论法人还是自然人，只要符合法律、符合规定就可以平等参与买卖。

（三）综述

企业国有产权进场交易的实质是交易信息进场，交易各方信息对等，在公开、公平、公正的基础上形成价格竞争。而我国目前的交易状况是，进行场外交易时，管理机构和企业单位在收购、重组、兼并企业过程中一般由买卖双方谈判定价，多采用行政手段，因此缺乏判断转让价格合理性的客观依据。场外交易大多是一对一谈，形不成市场聚散交易信息的功能，交易范围受限，本地区交易的多，跨区交易的少；交易量总体是出让的多，受让的少；交易方式普遍存在行政撮合的多，交易双方主动磋商或由中介机构撮合的少。2017年，某市通过协议达成的产权交易项目在90%以上，卖家与买家的比例在20比1至50比1之间。这样，配对撮合成交的可能性就很小，很难形成市场的竞价机制。场外交易信息不公开、不透明，在转让过程中容易出现暗箱操作、违规操作，造成国有资产流失、逃避银行债务、侵犯职工权益等问题。据国内几家大城市有关单位反映。通过产权交易市场出售国有产权，成交价格比评估价格普遍高10%，而某市没有进入产权交易市场的国有产权，成交价普遍比评估价低30%左右。

进场交易是规范企业国有产权转让和建立完善企业国有产权交易制度的前提，企业国有产权交易必须全部纳入产权交易市场公开进行。我们要认真贯彻执行企业国有产权转让进入市场交易制度，并加强监督检查，保证企业国有产权交易全部进场，使企业国有产权交易活动真正做到公开、公平、公正。

第五章　企业投资并购法律实务操作

伴随着国内环境不断规范和发展，我国各类型企业从规模到数量都呈现出不同程度增长的良好态势，当企业自身体量已经无法促进企业持续发展的时候，投资并购行为应运而生。企业兼并和收购的历史自19世纪下半叶至今已历经一百多年，同时随着证券市场的蓬勃发展，企业在并购的过程中愈加频繁地与证券、资本相结合，开始形成以市场为决定导向的并购模式，并为企业实现长足发展。随着社会经济一体化趋势的逐渐增强，一方面，外资企业落户中国为中国企业的发展提供了更多的机会，同时也面临着更大的挑战；另一方面，以并购重组为新的改革方向为前提的国有企业在不断经历深化改革的同时，对市场起到的良好示范作用愈加明显和有效。但从目前国有企业投资并购现实而言，在并购过程中还存在着一定的法律问题进而将影响我国企业并购的发展。

本章从投资并购重要法律术语解析着手，分析投资并购相关合同的法律问题，探讨律师承办一般有限公司收购业务操作指引并选取投资并购案例进行实证分析。

一、投资并购重要法律术语解析

（一）并购专业术语

1. 兼并、收购与合并

并购的内涵非常广泛，一般是指兼并（merger）和收购（acquisition）

兼并又称吸收合并，是指两家或者更多的独立企业、公司合并组成一家企业，通常由一家占优势的公司吸收一家或者多家公司。

收购是指一家企业用现金或者有价证券购买另一家企业的股票或者资

产，以获得对该企业的全部资产或者某项资产的所有权，抑或是对该企业的控制权。

与并购意义相关的另一个概念是合并（consolidation），是指两个或两个以上的企业合并成为一家新的企业，合并完成后，多个法人变成一个法人。

2. 善意收购与恶意收购

按照购买动机，并购可以划分为善意收购和恶意收购。其实这种分类更多的是站在目标企业的角度考虑问题。如果是“两情相悦”，则被视为善意收购。如果目标企业是在不情愿或不知情的情况下被收购，相当于“抢婚”，则被视为恶意收购，这种情况多在收购上市公司时发生，比如盛大收购新浪股份等。

下面一种情况也被认为属恶意收购：目标企业与并购方属于竞争对手，收购完成后，目标企业被并购方要求退出竞争市场、停产歇业等。站在产业发展的角度，其实本无善意和恶意的区分。“物竞天择，适者生存”，产业发展进程中必然会有企业被淘汰，这种规律和动物世界中的弱肉强食是一个道理。

3. 现金支付与可转债

按支付方式，可划分为现金支付、股票支付、可转债和混合支付。在并购交易中，现金以外的股票、资产、债权等只要双方同意，都可以作为支付对价物。

可转债是指购买方按照与出售方达成的协议，认购卖方发行的一定比例的可转换债券，同时按照协议，购买方可在一定的时间、按一定的比例将可转债转换成股票。

4. 换股并购

换股并购是指收购公司将目标公司的股份按一定比例换成本公司股份，目标公司被终止或成为收购公司的子公司。国际上数起以亿美元计的大型并购，如惠普并购康柏、波音并购麦道、时代华纳并购美国在线、奔驰与克莱斯勒的合并等经典案例一般都是采用换股并购的方式实现的。较之传统现金并购，换股并购可以避免现金支付，缓解企业流动资金压力；此外，还可以递延纳税，合理避税；更为重要的是，目标公司的股东仍保留其所有者权益，在分享兼并公司所实现的价值增值的同时，避免收购完成后目标公司股东套现离开，而使目标公司价值驱动因素流失，有利于公司合并后的整合。在金融危机企业现金流普遍缺乏的情况下，突破现金并购的传统思路，尝试用股权支付并购对价，具有越来越高的可适用性。

5. 协议收购与要约收购

按收购手段，可以划分为协议收购与要约收购。对于协议收购，大家应该耳熟能详，对于要约收购，可能有的朋友不太熟悉。下面主要介绍要约收购。

当投资者收购一个上市公司发行在外的普通股达到30%时，应自该事项发生之日起45个工作日内，向该公司全体股东发出全面收购要约，按下列价格中较高的一种价格购买股票：一是要约发出前6个月内收购要约人购买该股票所支付的最高价格；二是要约发出前30个工作日内该股票的每日加权平均价格的算数平均值的90%。收购要约期满，收购人持有的被收购公司股份总数达到该公司已发行股份总数75%以上的，该上市公司股票应当终止上市交易。这种限定使得通过“借壳上市”在证券市场融资的企业而言，有可能取得事与愿违的效果。

6. 直接收购与间接收购

直接收购是指收购者直接向一家公司提出拥有所有权的要求，而间接收购是指购买者并不向被购方直接提出购买的要求，而是通过第三方或收购目标企业母公司的方式间接控制目标企业。例如，如果要在证券市场上通过大量收购一家公司的普通股票，进而达到控制该公司的目的，其结果可能会引起公司间的激烈对抗，比如启动“毒丸计划”等，此时可采用间接收购。有时，收购方也会从简化决策程序、合理避税、减少负面影响等角度安排间接收购。

（二）上市公司并购重组基本术语辨析

并购重组是一个集合概念，在这一集合概念下，可以分辨出各种具体的交易行为，并用更具体的术语对其进行概括。例如兼并、合并、收购、重大资产重组、借壳上市等等。笔者发现，许多人对这些术语概括的是什么交易行为存在不同的理解，导致沟通交流时常有误会发生。因此，对于上市公司并购重组这一集合概念下，会发生什么具体的交易行为，各个交易行为又该用哪个术语概括，还是有必要进行辨析并统一认识的。

1. 并购重组从词义上可以拆分为兼并、收购、重组

首先，从并购重组这个名词的词义上，可以拆分出三个名词，即兼并、收购和重组。兼并的“并”，收购的“购”，再加上重组，就组成了并购重组这个名词。重组在上市公司语境下，一般指重大资产重组。收购和重大资产重组是我们的官方用语，也是两种最核心的上市公司并购重组业务。针对收购，我国有《上市公司收购管理办法》（以下简称《收购办法》），针对重大资产重组，我国有《上市公司重大资产重组管理办法》（以下简称《重组办法》），两个文件中，对收购和重大资产重组有所界定。上市公司收购，也即收购上市公司，是指收购人通过取得股份的方式成为一个上市公司的控股股东，或者通过投资关系、协议、其他安排的途径成为一个上市公司的实际控制人，或者同时采取上述方式和途径取得上市公司控制权。（见《收购办法》第五条）由此可见，上市公司收购的核心是取得上市公司的控制权，可以通过持股的方式，也可以通过协议或其他安排，总之，只要持有上市公司股票的表决权，达到能够控制上市公司的程度，就是上市公司收购。（何谓拥有上市公司控制权，参见《收购办法》第八十四条）上市公司重大资产重组，是指上市公司购买、出售资产达到一定的体量的行为。其中包括上市公司控股或者控制的公司购买、出售资产，资产的概念中包括股权。判定重大，以 50% 为界。拟购买或出售的资产，与上市公司现有的财务数据比较，资产超过 50%、资产的收入超过 50%、净资产超过 50% 且超过 5000 万的，都是重大资产，购买或出售该等资产的行为，就是重大资产重组。（参见《重组办法》第十二条）由此可见，重大资产重组的概念，核心要表达的是上市公司本身的变化，而不是上市公司股权关系的变化。

兼并这个概念是没有官方的定义的，每个人的用法也很不同，对其进行界定可能争议最大。笔者认为，兼并可以理解为公司法中规定的吸收合并，如果 A 公司兼并 B 公司，就是指 A 公司将 B 公司吸收合并，B 公司注销。这样就可以看到兼并和收购的区别，A 公司收购 B 公司，是指 A 公司购买了 B 公司的控制权，B 公司并不注销，还是存在的；而 A 公司兼并 B 公司，是指 A 公司购买了 B 公司所有的资产，承接了 B 公司的债务，然后 B 公司

注销，B 公司就不存在了。如果 A 公司和 B 公司合并后，新设立了 C 公司，A 公司和 B 公司均注销，这就是公司法上所谓的新设合并，新设合并可以简称合并。这样，兼并和合并（新设合并）两个概念也区别开了。如上所述，兼并、合并、收购、重大资产重组四个概念便区别开了，各自都有自己核心的含义。

2. 发行股份购买资产和借壳上市

在《重组办法》中，还界定了两种行为，即发行股份购买资产和借壳上市。发行股份购买资产，是指：上市公司购买资产，但不以现金支付对价，而是以新发行的股票作为支付对价的行为。发行股份购买资产中，发行股票是核心的特征，资产规模大小是不重要。当然，如果要购买的资产规模很大，也可能同时构成重大资产重组，甚至是借壳上市。借壳上市，顾名思义，就是借上市公司这个壳，装入新的资产，使得上市公司改头换面，基本上成为一个完全不同的新公司，装入的资产就变相实现了上市。借壳上市是重大资产重组的升级版，也即是非常重大的重大资产重组。相比于重大资产重组，借壳上市以 100% 为界，即拟购买的资产，与上市公司现有的财务数据比较，资产、资产的收入、资产的利润、净资产中任何一项指标达到 100%，或为了购买资产累计发行的股票超过原有股票的 100% 的，就会构成借壳上市。（参见《重组办法》第十三条）

分析和总结上市公司并购重组所包括的这些表面上形态各异的行为，从本质性讲其实就是一个行为，即：某个主体购买股权或其他资产，以现金或股份为支付手段。上市公司在交易中所处的地位不同，就会被界定为不同的行为，套用不同的概念。至于是否能够以股份作为支付对价，要看股份有没有人愿意要，具有流通性的上市公司股票，是有人愿意要的。上市公司作为标的公司，它的股票被其他公司购买时，就是上市公司收购。而如果上市公司作为购买人，去购买其他公司的股权时，就是上市公司重大资产重组，此时如果上市公司不以现金，而是以自己的股票为支付手段，就是上市公司发行股份购买资产，而如果重组的资产过于重大，达到了 100%，就是借壳上市。收购和重大资产重组的概念区分，是以上市公司为中心的，把上市公司放到不同的位置上，就会适用不同的概念。作为购买方，也可以去购买上市公司的一般资产，此时不称为上市公司收购。极端的情况（在我国不太可能发生的），比如一个购买方买下了上市公司所有资产和债务，概念上就是购买方将上市公司兼并了，上市公司退市、注销。在我国由于上市较难，购买方之所以购买上市公司的股票，主要是看重上市公司这个资格，如果是购买一般资产，没有必要非得在上市公司手中购买。购买上市公司的股票，支付手段一般都是现金，因为上市公司的股票本来是有流动性的，出卖人很难接受一个流动性更差的支付对价。上市公司去购买其他公司的股权或一般资产时，却是可以用自己的股票作为支付手段的，出卖人也愿意将自己不能流通的股权或资产，置换为可以流通的上市公司股票。当然，财力雄厚的上市公司，也可以直接以现金作为支付手段。另外，一个行为如果看的视角不同，可能会同时符合几个概念。比如，任何一个借壳上市，都是重大资产重组，是非常重大的重大资产重组。发行股份购买资产，如果购买的资产量足够大，那也会同时构成重大资产重组。一个上市公司去收购另一个上市公司的控制权，就可能既构成收购人的重大资产重组，同时也构成对被收购人的上市公司收购。上市公司并购重组业务，在有收购和重大资产重组交叉时，是最复杂的，被誉为“皇冠上的明珠”。

二、投资并购相关合同的法律问题

在我国现行法律中，公司并购是指法人或其他组织间组织体的合并、收购和分割。在产业不景气或经济萧条时，公司并购业务就会大范围发生。作为公司组织体的再造或更生的公司并购业务，一般要经过并购双方甚至多方签订并购意见书、征询专家意见、进行相关再调查，最后签订并购合同，从而完成一项并购交易。为保证并购的顺利进行及并购双方的利益，并购合同中涉及的一些具体法律问题值得探讨。

公司并购合同是公司并购双方当事人就并购交易而达成的最终意思表示的合意。公司并购一般包括公司合并和公司收购。

（一）公司合并合同中的法律问题

1. 换股比例的约定及调整

换股比例是合并合同中最富争议性的焦点。决定换股比例所应考虑的因素，一方面必须依据合并双方公司的价值计算，即价值影响价格；另一方面也会反映出并购双方的需求以及各方的谈判能力差异与谈判结果，即需求决定价格；再一方面是换股比例决定之后到合并案实际完成之间，仍有可能发生计算换股比例的基础改变的情形，此时必须通过换股比例的调整机制以因应这种变化，所以，换股比例也在变化之中，但万变不离其宗，这种变化毕竟是局部的或者小范围的。例如，在合并合同中约定某一换股比例只能在双方股价在特定价格区间才能发生法律效力，如果股价波动超过该约定的价格区间，换股比例必须随之调整或重新商议，这属于一种弹性的换股比例约定。

2. 公司合并生效的前提条件

公司合并案能否生效，须看内部客观条件（如股东会同意）以及外部客观条件（如政府核准许可）等。所以，应当在公司合并合同中明确约定合并生效的前提条件，以减少纠纷的发生，确保双方当事人的权益。

3. 员工补偿、安置条款

公司企业进行合并的目的，不仅为取得资产，也有可能是为了取得某一经营团队特别是研发团队。存续的公司一方如认为必要，应使另一方在合并合同中承诺留用或安置、转移其重要员工，以确保合并的目的能够顺利实现。

4. 禁止重大不利处分条款

公司合并合同签订后至合并生效前，消失公司一方不得为其公司有重大不利益的处分行为。例如，承担债务、延长债权偿还期、免除担保责任、签订对其不利合同、承诺员工高额退休金等，以避免影响消失方的价值而减低合并的效益。

5. 违约责任及赔偿、补偿条款

公司合并中，存续的一方通常会要求被吞并的一方作出一些声明，以保证除已经权利义务关系外，再不存在其他债务或债权，甚至存续方在进行合并时，往往依赖于被吞并方的声明与担保。在此情形下，合并完成之后，如果因被吞并方声明与担保有虚伪不实或遗漏的情事，将影响存续方因合并所能产生效益及对换股比例的确定。所以，在合并合同中应当明确约定被吞并方的主要股东及经营阶层对该方在合并合同中所为的声明及担保事项承担保证责任，如果有不实或遗漏时，应由该方的主要股东及经营阶层承担损害赔偿连带责任。

在公司并购尽职调查程序完毕之后，并购交易的双方在已了解相互的财务及业务状况的前提下，即可据此协商并购的价格及相关条件达成。

（二）公司收购合同常见的法律问题

1. 价格的约定与调整条款

公司并购中尽职调查程序的目的之一，即为了解企业的实际价值，以计算并购的价格。在尽职调查与并购交割日期仍然相隔一段时间甚至是相当长的一段时间内，如果发生股价波动、重大事件或市场立法等方面的变动，则极有可能导致并购价格无法反映真实情形。所以，很有必要在购买合同中明确约定购买价格调整的相关机制，以应对市场等方面的变化。

2. 购买交割的前提条件

一般而言，购买合同签订后即成立和生效。由于并购即使得到了内部如股东会的同意，往往还需看外部条件如政府主管部门的审核等，这样公司并购能否成就便取决于政府的许可等。如果政府主管机关不许可并购，即使当事人意思表示是一致的，那也只是一厢情愿。

3. 价金保留条款

为确保公司并购交易能够顺利完成交割，以避免收购后才发现卖方隐藏营运的瑕疵导致并购失败，买方可考虑约定收购价金分期给付，或将部分价金保留在收购后一段时间或约定的条件成就后再行给付，如此可确保卖方不会故意隐藏公司业务或财务上的瑕疵。价金保留条款相当于质量担保金，通常占到 10%。

4. 竞业禁止条款

如果是以减少竞争对手为目的的并购，并购买方所欲并购的不仅是卖方的有形资产，卖方的客户资源以及经营团队之类的无形资产也在并购目的之内，在此情形之下，如果卖方在被收购后另行成立与被收购企业相同的公司，继续经营相同或类似的业务，其结果必然会影响买方的效益。所以，买方通常会要求卖方不得在收购之后继续经营与买方相同或类似的业务，此即并购交易中的竞业禁止条款。

5. 保密条款

企业进行并购，其对于价金的议定、人员及业务的整合等皆须妥慎处理，故双方当事人都希望在保密的情况下，就客户及员工进行相关的磋商及安排。

6. 卖方禁止重大不利处分条款

公司并购的卖方在同意出售股权或资产后，其对该项欲出售的股权及资产的利益不再攸关，管理意志渐趋薄弱，有时还会因并购谈判中对购买方某一行为或某一并购条款表示不满，于是利用即存的管理权利，故意为被并购的企业或资产设置一些处分行为。为防止此类行为的发生，买方应当在购买合同中要求卖方承诺在收购进行期间，不得从事对被收购公司造成重大不利的处分行为。

7. 损害赔偿、补偿条款

基于诚实信用原则和良好的合作态度，买方在进行并购时，往往依赖甚至过分信赖卖方就其财务及业务等所为的声明及担保，虽然也有尽职调查程序甚至严格的专家论证程序，也商定了一些诸如价格调整的机制之类的条款，但是，买方在收购后仍有可能因卖方的声明不实或担保而蒙受损害的情形发生。基于诚实信用原则，买方应当在公司购买合同中明确订定损害赔偿或补偿条款，要求卖方就公司购买合同项下所作的声明及担保，遇有不实或重大疏漏时应承担损害赔偿责任，并约定其赔偿范围或具体数额。

三、律师承办一般有限公司收购业务操作指引

本节主要探讨律师承办有限责任公司收购业务指引。因篇幅所限，具体收购流程不加以阐述，注重探讨律师承办有限责任公司收购业务中的特别事项和工作细节。本指引所称之有限责任公司收购，仅指收购人出于资源整合、财务税收、提高企业市场竞争力等方面的考虑，通过购买有限责任公司股东的股权或以其他合法途径控制该出资进而取得该公司的控制权以及购买该公司的资产并得以自主运营该资产的行为。本指引所称目标公司指被收购的有限责任公司。

（一）律师承办有限责任公司收购业务的注意事项

律师在办理有限责任公司收购事务过程中，应注意在进行股权转让时尊重目标公司其他股东的优先购买权，在履行法定程序排除股东的优先购买权之后收购方方可进行股权收购。

律师应当注意到：股东在征求其他股东就股权转让事宜是否同意时，应采取书面形式；提示委托人法律推定其他股东同意转让的期限条件；两个以上股东均主张优先购买权时的解决程序和方法。

办理国有资产的收购和外资公司的收购时，应注意进行国有资产评估和履行相关审批手续。

应特别注意提示收购方避免因收购行为而成为对目标公司的债务承担连带责任的出资人。

（二）对目标公司的尽职调查

律师应就收购方拟收购的目标公司进行深入调查，核实预备阶段获取的相关信息，以备收购方在信息充分的情况下作出收购决策。律师可以根据实际情况，在符合法律、法规的情况下对于调查的具体内容作适当增加和减少。

对目标公司基本情况的调查核实，主要涉及：目标公司及其子公司、参股公司的经营范围；目标公司及其子公司、参股公司设立及变更的有关文件，包括工商登记材料及相关主管机关的批准文件，注意了解目标公司股东出资缴付情况；目标公司及其子公司、参股公司的公司章程，了解章程对收购的相关规定，有无设置包括超级多数条款在内的限制收购或反收购条款；目标公司及其子公司股东名册和持股情况，结合目标公司章程核实其股东认缴的出资份额和实际已缴出资额，以及出资期限和出资到位进度；目标公司及其子公司历次董事会和股东会决议；目标公司及其子公司的法定代表人身份证明；目标公司及其子公司的规章制度；目标公司及其子公司与他人签订收购合同；收购标的是否存在诸如设置担保、诉讼保全等在内的限制转让的情况；目标公司股东的出资方式，非货币资产的评估作价情况；目标公司对外投资情况；提示收购方注意目标公司是否存在隐名股东或其他实际控制人，其存在是否影响到对目标公司收购的进行；对目标公司的收购是否涉及公司法禁止的一个自然人设立多个一人公司的规定。

对目标公司相关附属性文件的调查包括：政府有关主管部门对目标公司及其子公司的批准文件；目标公司及其子公司土地、房屋产权及租赁文件；目标公司及其子公司与职工签订的劳动合同；目标公司及其子公司签订的有关代理、许可合同；目标公司股东的出资证明文件。

对目标公司财产状况的调查包括：公司的财务数据，包括各种财务报表、评估报告、审计报告；不动产证明文件、动产清单及其保险情况；债权、债务清单及其证明文件；纳税情况证明；如目标公司为一人公司，应注意目标公司财务是否严格独立于股东个人财务，以便准确确定目标公司的资产范围。

对目标公司管理人员和职工情况的调查包括：管理人员、技术人员、职工的雇佣条件、福利待遇；主要技术人员对公司商业秘密掌握情况及其与公司签订的保密协议、不竞争协议等；特别岗位职工的保险情况。

对目标公司经营状况的调查包括：目标公司经营项目的立项、批准情况；目标公司对外签订的所有合同；目标公司客户清单和主要竞争者名单；目标公司产品质量保证文件和对个别客户的特别保证情况；目标公司广告协议和广告品的拷贝；目标公司的产品责任险保险情况；目标公司产品与环境保护协调问题；目标公司产品的消费者投诉及处理情况；目标公司的特许经营情况。

对目标公司及其子公司知识产权情况的调查包括：目标公司及其子公司拥有的专利、商标、著作权和其他知识产权证明文件；目标公司及其子公司正在研制的可能获得知识产权的智力成果报告；目标公司及其子公司正在申请的知识产权清单。

对目标公司法律纠纷情况的调查包括：正在进行和可能进行的诉讼和仲裁；诉讼或仲裁中权利的主张和放弃情况；生效法律文书的执行情况。

（三）收购合同的履行

在收购履约阶段，律师工作主要包括：为收购各方拟订“履约备忘录”，载明履约所需各项文件，并于文件齐备时进行验证以确定是否可以开始履行合同；协助委托人举行验证会议；按相关法律、法规的规定办理报批手续；协助办理收购涉及的各项变更登记、重新登记、注销登记手续。

律师协助收购方或目标公司起草或调取的，需要向相关政府主管部门报送的文件材料包括：股东变更申请书；收购前各方的原合同、章程及其修改协议；收购各方的批准证书和营业执照复印件；目标公司董事会、股东会关于股权转让的决议；股权变更后的董事会成员名单；收购各方签订的并经其他股东签字或以其他书面方式认可的股权转让协议；审批机关要求报送的其他文件。

收购履约阶段的事务包括如下内容。

第一，收购款到账验收，出具报告书。在收购方支付全部转让款并将付款凭证传真给出让方后，在约定的工作日内，出让方指定的或双方约定的注册会计师对该转让金额是否到账予以验证，并将验证报告传真给收购方。

第二，收购标的的交付及股东名册的变更。收购双方及目标公司应及时办理被收购资产的交割手续和被收购股权的变更登记手续，包括所涉资产权属变更需要办理的物的交付和权属变更登记手续，以及股权收购中目标公司股东名册变更和签发新股东出资证明书等手续。

第三，股东权利义务的移转。股权转让协议可以约定，转让标的交割之后，出让方将不再作为目标公司的股东而享有任何股东权利，亦不再承担目标公司的任何义务、负债或损失。收购方将成为目标公司的股东，并取代出让方继续履行目标公司发起人协议书及章程中规定的股东权利和股东义务。

第四，新股东与公司其他股东应当签订新的合营（合作）协议，修订原公司章程和议事规则，更换新董事。签订新的合营（合作）协议与新章程后，公司签发新的股东出资证明书，变更公司的股东名册，并于变更后30日内向工商行政管理机关提交目标公司股东、出资、章程等变更登记申请或备案申请。

律师应向委托人提示股权转让与股权转让合同生效即收购合同生效的区别。股权转让合同除法律、法规明文规定需经主管部门批准生效的以外，或者当事人约定了生效条件之外，一般自合同主体签字盖章之日起生效；而股权转让的生效以合同的生效为前提，但股权转让合同的生效并不当然意味着股权自合同生效时起转让，其生效根据公司性质有可能还需满足法律规定的条件或当事人约定的条件。

第六章　企业融资法律实务操作

资金是企业发展的必要保证，企业在发展过程中应当注重对资金的管理，做好资金的筹集与运用工作，提高企业资金管理活力。为此，企业应将融资工作作为管理工作的重点内容，科学规划融资管理方式，提高融资水平，实现多元化融资，拓宽融资渠道，保证内部资本结构的合理性。

一、企业融资模式

企业融资模式式即企业融资的渠道。它可以分为两类：债务性融资和权益性融资。前者包括银行贷款、发行债券和应付票据、应付账款等，后者主要指股票融资。债务性融资构成负债，企业要按期偿还约定的本息，债权人一般不参与企业的经营决策，对资金的运用也没有决策权。权益性融资构成企业的自有资金，投资者有权参与企业的经营决策，有权获得企业的红利，但无权撤退资金。

（一）融资模式

1. 银行贷款

银行是企业最主要的融资渠道。按资金性质，分为流动资金贷款、固定资产贷款和专项贷款三类。专项贷款通常有特定的用途，其贷款利率一般比较优惠，贷款分为信用贷款、担保贷款和票据贴现。

2. 股票筹资

股票具有永久性，无到期日，不需归还，没有还本付息的压力等特点，因而筹资风险较小。股票市场可促进企业转换经营机制，真正成为自主经营、自负盈亏、自我发展、自我约束的法人实体和市场竞争主体。同时，股票市场为资产重组提供了广阔的舞台，优化企业组织结构，提高企业的整合能力。

3. 债券融资

企业债券，也称公司债券，是企业依照法定程序发行、约定在一定期限内还本付息的有价证券，表示发债企业和投资人之间是一种债权债务关系。债券持有人不参与企业的经营管理，但有权按期收回约定的本息。在企业破产清算时，债权人优先于股东享有对企业剩余财产的索取权。企业债券与股票一样，同属有价证券，可以自由转让。

4. 融资租赁

融资租赁，是通过融资与融物的结合，兼具金融与贸易的双重职能，对提高企业的筹资融资效益，推动与促进企业的技术进步，有着十分明显的作用。融资租赁有直接购买租赁、售出后回租以及杠杆租赁。此外，还有租赁与补偿贸易相结合、租赁与加工装配相结合、租赁与包销相结合等多种租赁形式。融资租赁业务为企业技术改造开辟了一条新的融资渠道。

5. 海外融资

企业可供利用的海外融资方式包括国际商业银行贷款、国际金融机构贷款和企业在海外各主要资本市场上的债券、股票融资业务。

（二）影响因素

资金是企业从事投资和经营活动的血液，如何筹集企业所需资金是现代财务管理的首要内容。每个企业在进行筹资方式选择时，必须清楚影响企业融资方式选择的有关因素。

1. 外部因素

影响企业融资方式选择的外部因素是指对企业融资方式选择产生影响作用的各种外部客观环境。主要是指法律环境、金融环境和经济环境。外部客观环境的宽松与否会直接影响到企业融资方式的选择。企业进行融资方式选择时，必须遵循税收法规，同时考虑税率变动对融资的影响。金融政策的变化必然会影响企业融资、投资、资金营运和利润分配活动。此时，融资方式的风险、成本等也会发生变化。经济环境是指企业进行理财活动的宏观经济状况，在经济增长较快时期，企业需要通过负债或增发股票方式筹集大量资金，以分享经济发展的成果。而当政府的经济政策随着经济发展状况的变化做出调整时，企业的融资方式也应随着政策的变化而有所调整。

2. 内部因素

影响企业融资方式选择的内部因素主要包括企业的发展前景、盈利能力、经营和财务状况、行业竞争力、资本结构、控制权、企业规模、信誉等方面的因素。在市场机制作用下，这些内部因素是在不断变化的，企业融资方式也应该随着这些内部因素的变化而作出灵活的调整，以适应企业在不同时期的融资需求变化。

二、债务性融资

（一）债务性融资的内涵及特点

债务性融资是指通过银行或非银行金融机构贷款或发行债券等方式融入的资金。债务性融资需支付本金和利息，能够带来杠杆收益，但是提高企业的负债率。一般来说，对于预期收益较高，能够承担较高的融资成本，而且经营风险较大，要求融资的风险较低的企业倾向于选择权益性融资方式；而对于传统企业，经营风险比较小，预期收益也较小的，一般选择融资成本较小的债务性融资方式进行融资。

债务性融资是企业通过举债进行的融资方式，在我国，企业债务性融资的最主要标的依旧为各大银行，可以在短时间之内解决企业资金短缺的问题。债务性融资主要有以下几个特点：第一，债务性融资从本质上来说是一种借贷行为，举债企业拥有对资金的使用权而不是所有权，因此在一定期限内，企业需要支付使用资金所需的本金及利息。第二，利率相对稳定，债务性融资在发生之时大多已经约定好对应的偿还模式和应当缴纳的对应利息，因此整个融资过程利率大多保持不变。第三，资金支配相对自由，债务性融资的资金支付方一般情况下不会干预和控制企业的运营，因此企业可以在约定范围内更加灵活使用资金进行合理经营。第四，债务性融资会增加企业的运营成本，债务性融资多存在固定的偿还期限以及利息，因此企业在运营过程中，无论经营情况的优劣都会增加固定的经营成本。

债务性融资与权益性融资相比较，其缺点就是财务风险较高、限制条件较多。

（二）中小企业债务性融资面临的突出问题

1. 中小企业债务性融资面临的突出问题

（1）发行周期较长，环节较多，发行时间不可控制

目前中小企业债务融资发行周期一般为6个月至1年半。在此过程中，申报企业资金需求状况、市场和投资环境等均可能发生改变，发行周期过长与中小企业融资需求特点不相适应。发行费用偏高、发行门槛较高，一般中小企业难以达标。有的省市为保证发行成功、起到示范良好作用，筛选发行人时除要求满足净资产、注册资本、连续盈利等条件外，还设定其他条件对企业优中选优，甚至以上市标准筛选，造成发行门槛较高，伤害了部分企业的积极性。

（2）担保问题突出

能否落实担保是制约中小企业债务融资顺利推进的关键。不少省市反映，集合债券、集合票据发行受制于担保问题而进展缓慢：本地担保机构规模小、实力弱，不能满足担保条件；规模较大的担保机构放大倍数已接近上限，难有开展业务的空间；为降低风险，担保机构往往要求发债企业提供反担保，但不少成长性高的科技型企业自身固定资产较少，难以满足抵押条件。

（3）不少中小企业对债务融资缺乏了解，积极性不高

从第一支中小企业集合债发行至今，债务融资对大多数中小企业尤其是中西部地区仍属新生事物，政府与企业对相关政策、发行流程、专业知识等缺乏理解。部分省市反映，中小企业融资观念落后，依赖银行信贷，对信息披露和规范事项心存顾虑，对于债券发行的复杂程序和审批周期心存畏难。

（4）过度依赖政府，市场化程度不够

目前地方政府在中小企业债务融资发行中承担在筛选确定发行人、选择主承销商、担保机构等中介机构时发挥主导作用；担保机构又多以政策性、国有担保机构为主，有的甚至要求政府兜底风险。

应当说，政府的主导在中小企业债务融资发行初期是必要的，但要促

其可持续发展必须逐步建立“市场主导、政府引导”的机制。另外，中小企业融资立法保障上的不足，也是当前中小企业融资中比较突出的问题。

三、权益性融资

（一）权益性融资的内涵及特点

权益性融资作为公司向股东筹措资金的融资方式之一，本质上是一种将公司股本作为资金获取筹码的融资方式，是公司权益资金或权益资本的主要构成部分。权益性融资主要有以下几个特点：第一，所筹资金具有永久性，无期限，不归还，长期持有等特点，对于公司中长期发展而言更为稳定可靠。第二，利率不固定，权益性融资所产生的股利的支付金额与企业自身的发展水平息息相关，虽然造成其波动性的大幅增加，但是也大幅降低了企业的经营负担。第三，分散资金盘，权益性融资将公司权益分散化，可以规避权益集中导致的公司风险集中化的问题，分散了经营风险。第四，对于公司权益拥有者，通过股本发行的方式进行融资会削弱既有股东对公司的控制权。

（二）我国权益性融资状况分析

我国企业股份制改革起步较晚，如果从 1990 年深圳和上海两个证券交易所开业开始算起,我国证券市场从无到有,从小到大共计经历了三十多年。通过国家政策的不断改革，我国已经从高度集中的国有制经济逐渐发展成为目前的多种所有制经济共同发展的良好态势。在这期间我国证券市场也随之不断成长，目前已初具规模，为我国经济不断市场化、国际化的发展打下了良好的基础。股票市场作为我国企业权益性融资的重要途径，不仅为企业、同时也为公众的资金流动打开了一个突破口。但是我国的股票市场毕竟处于初级阶段，不完善的市场机制不可避免地存在很多问题，在权益性融资的可操作性上增加了一些风险。相对而言，我国股权私募形式风险较低，尤其是近年国家在推行国有企业混合所有制改革时，各大企业大多采用有的放矢的私募形式，这不仅能够有效避免国有资产的流失，同时还能够打破国有资产、集体资产、个体资产之间的资金壁垒，更加利于企业长期、稳定的发展。

（三）权益性融资认定中存在的问题

1. 国有企业权益性融资认定的法律缺陷

公有制作为社会主义的主要特征决定了国有资产在市场经济中占有十分重要的地位。这体现在相关法律中不仅涉及概念问题，同时也涉及国家利益、集体利益、个人利益的三方权益问题。因此虽然在相关的经济法律中对于企业的权益性融资问题是持支持态度的，但是在涉及国有资产权益分配的问题上，权益性融资的合法性又经常难以得到支撑。不仅如此，目前我国融资相关法律规定大部分为国务院各个部委在《立法法》的授权范围内，根据各自管辖需求制定的相关行政规章，这些行政规章相对于全国人大所立法律而言并不具备很高的法律效力，在执行上力度不高，缺乏稳定性，因此对于存在争议的企业权益性融资的认定帮助并不显著。

2. 国有企业债务性融资对权益性融资认定产生的干扰性因素

一些私营企业的经营者由于对自身资金具有很强的支配权力，因此在进行债务性融资的过程中，为了给予投资方最为“吸睛”的亮点，经常会在公司效益稳定且正处于迅速扩大经营的过程中给予投资者利率以外的“红利”。这部分红利独立于利率存在，并与企业经营情况密切相关，因此具备某些权益性融资中关于利润分配的共同点，很容易与权益性融资的“股息”混淆。同时根据《民事诉讼法》第二百零四条的规定，破产财产须优先拨付破产费用。破产费用包括三部分：一是破产财产的管理、变卖和分配所需要的费用，以及聘用工作人员的费用；二是破产案件的诉讼费用；三是为债权人的共同利益而在破产程序中支付的其他费用。债务性融资作为企业融资的一种方式，当企业进行破产清算时其优先级依旧处于后位，但目前我国申请破产清算的企业大多已经很难清算所欠职工工资和劳动保险相关费用，所以实际能够清算的债权十分有限，因此在实际清算中往往债权人和权益性投资人都很难获得赔偿。

3. 《企业会计准则》对权益融资认定的影响

自 2013 年 11 月武汉地铁集团有限公司发行国内首支可续期企业债、2013 年 12 月国电电力发展股份有限公司发行国内首支永续中票以来，永续债和“类永续债”融资发展迅猛，相应的准则要求也不断趋于严格。2014 年 3 月财政部出台了《金融负债与权益工具的区分及相关会计处理规定》，明确了可续期债券会计处理，若发行人对于金融工具不存在支付本息的义务，那么金融工具可计入权益，否则计入负债。2017 年 5 月财政部修订发布了《企业会计准则第 22 号——金融工具确认和计量》和《企业会计准则第 37 号——金融工具列报》《企业会计准则》，进一步明确了永续债确认为权益的条件，即：发行人拥有赎回选择权或续期选择权、发行人可以无条件推延付息、没有债权人回售条款、无或有结算条款等。2019 年 1 月财政部下发的（财会〔2019〕2 号）《关于印发《永续债相关会计处理的规定》的通知》，对永续债合同条款中的到期日、清偿顺序、利率跳升和间接义务规定进行细化，“是否能无条件地避免交付现金或其他金融资产的合同义务”是判断永续债分类的关键，债权发行方在有适当合理方式进行无条件避免现金和其他金融资产交付时，产生的永续债可以被归为权益性工具，但若无法满足该要求，其将被归为金融负债。因此，在确定永续债性质时，需要广泛研究该债权的募集书、合同条款以及其他协议文件，主要参照其经济实质而非法律形式，从而确定永续债以及其他权益性融资的会计分类。

（四）企业权益性融资认定过程中应当关注的关键点

企业权益性融资认定过程中关键体现就是募集说明书（永续债）或融资合同（类“永续债”融资）中的相关条款。主要涉及以下几方面。

1. 到期日（永续债）或融资期限（类“永续债”融资）

目前我国常见的永续债大多分为两种，一种是所谓“非固定偿还日期”型永续债，该永续债未约定固定偿还日期且发行人可以在赎回期内享有债务的赎回权；另一种是“固定偿还日期”型永续债，约定明确的到期日，但是发行人可享有延期选择权。上述两种永续债的核心问题是持有方是否在任何情况下有权要求发行方强制赎回永续债。

2. 利息支付方式

权益性融资的确认条件很重要的一点就是可以无条件递延付息。如果借款人有定期付息的动作，则对应的融资很有可能不能被认定为权益性融资。但资金出借方为了控制风险往往会在合同里对相关条款进行明确，此时需要借款人和资金出借方对该事项达成一致。

3. 结算与计息顺序

公司在进行破产清算时，永续债作为公司投资的一种方式往往要劣后于普通债权和其他债务。因此对于永续债自身而言，它的清偿顺序是其较为显著的特征之一，同时在进行利息支付时，永续债依旧劣后于普通债权和其他债务。但是，若在合同条款中有明确规定永续债与发行方发行的普通债券和其他债务处于相同的清偿顺序，则应审慎考虑这种附加条款对于公司对此种资产权限的划定。因此在日常公司财务操作时我们不难发现有很多公司在对永续债合同的拟定时将其本息的清偿顺序与发行人所有其他待偿债务画等号。因此，虽然并没有完全不允许将普通永续债计入权益工具，但也提出了将永续债计入金融负债的可能。

4. 利率跳升机制

根据《永续债相关会计处理的规定》内容所述，永续债若计入权益性投资，则需要对跳升利率具有一定的限制，包括对跳升次数的限制，对最高票息的封顶以及封顶利率数额相关限制，或者跳升幅度小于同行业同期其他权益性投资的利率水平。满足上述条件可不构成债权发行人的间接义务，在这种情况下永续性债权才可计为权益性投资。但是若票息封顶利率高于同行业同期其他权益性投资的利率水平，则不可将其计为权益性投资，而应归为金融负债。

四、律师承办企业投融资业务操作指引

本节主要探讨律师办理中小企业投融资法律业务操作指引。本指引所称“中小企业投融资业务”，仅指社会企业或个人以非银行资金（或称民间金融资金）向中小企业依法进行以股权收购、资产收购、借款（包括典当、小额贷款等）、融资租赁等方式进行的投资或融资业务，但不包括通过银行贷款方式进行的融资业务。

中小企业投融资的全过程可以分为：投融资预备阶段、投融资意向阶段、尽职调查阶段、投融资协议签署阶段、投融资协议执行阶段、投资资本退出阶段。在每一个阶段中，专业律师都可以提供相应的法律服务，为当事人避免及减少法律风险、为投融资项目的顺利进行提供保障。

（一）中小企业投融资概述

1. 投资方的投资方式

按照投资行为的不同来划分，中小企业投融资方式如下。

（1）间接投融资模式

①股权转让投资，指以融资方部分股东拟转让的全部或部分股权为投资标的的投资。

②增资扩股投资，指在融资方原股东之外，吸收投资方作为股东入股，并相应增加融资方注册资本的投资。

（2）直接投融资模式

①具有贷款/委托贷款性质的投资方式，以及其他依法可行并经投、融资双方认可的投资方式。

②通过小贷公司、典当公司、投资担保公司等非银行机构的资金运作模式进行借贷模式的投资。

③融资租赁等其他形式的投融资方式。

2. 注意事项

第一，间接投融资模式如果融资方系有限责任公司，则在进行股权转让时应注意尊重融资方其他股东的优先购买权/优先增资权，在履行法定程序排除股东的优先购买权/优先增资权之后投资方才可进行投资。办理国有企业的间接投融资时，根据《企业国有资产法》规定，应相应进行国有资产评估和履行相关审批备案手续。

第二，直接投融资模式关键应注意融资方的偿债能力及投资项目的发展前景等问题。

3. 投融资程序如下

投融资预备、可行性分析。

投资方与融资方或融资方股东或融资方实际控制人进行洽谈，初步了解情况，进而达成投资或借贷意向，签订投资意向书（可能包括：排他协商、材料提供、投资成本、担保措施、退出机制、保密等条款）。

投资方在融资方的协助下，对融资方进行尽职调查，包括但不限于：对融资方的管理构架、职工情况、资产、债权、债务、法律纠纷案件进行清查、评估。

投资方与融资方双方正式谈判，协商签订相关法律文本。

双方根据公司章程、公司法及相关配套法规的规定，提交各自的权力机构 [如股东（大）会或董事会] 就投融资事宜进行审议和表决。

双方根据法律、法规的要求将投融资协议交有关部门批准或备案。

投融资协议生效后，双方按照合同约定履行资产转移、经营管理权转移手续，除法律另有规定外，应当依法办理股权变更登记、担保登记等手续。

投资方退出融资方。

4. 涉及国有资产问题

涉及对国有独资公司或者具有以国有资产出资的公司进行投资时，还应注意以下问题。

第一，根据《中华人民共和国企业国有资产法》等国有资产管理法律、法规及政策的要求，对融资方资产进行评估。

第二，必要时经国有资产监督管理部门或授权单位核准 / 备案。

第三，投资完成时根据国有资产管理法律、法规及政策的要求，办理资产产权变更登记手续。

5. 涉及外资企业问题

投资外商投资企业的，应当注意以下问题。

第一，合营项目应符合《外商投资产业指导目录》的要求，制作新的可行性研究报告，并遵守法律、法规关于外商投资比例的规定，如导致外资比例低于法定比例，应办理相关审批和公司性质变更手续。

第二，涉及合营企业投资额、注册资本、股东、经营项目、股权比例等方面的变更，均需履行审批手续。

（二）投融资准备阶段

投融资准备阶段，主要是从投资方初步确定融资方（或融资方初步选定融资方）起至双方达成投资意向前的准备期间，本阶段律师应协助委托人起草投融资意向书等文本，并提示意向书与正式协议的联系和区别，根据委托人的实际需要提示意向书的法律约束力。专业律师在本阶段的法律服务主要有以下方面。

1. 预备阶段的信息收集

第一，协助投/融资方收集准备相对方的公开资料和企业资信情况、经营能力等信息，在此基础上进行信息整理和分析，从融资方经营的市场风险方面，考察有无重大障碍影响投融资活动的进行。

第二，研究民法典、证券法、税法及外商投资等法律、法规，对投融资的可行性进行法律论证，寻求立项的法律依据。

第三，就投融资可能涉及的具体行政程序进行调查，例如：投融资行为是否违背我国投资政策和法律，可能产生怎样的法律后果，投融资行为是否需要经当地政府批准或进行事先报告，地方政策对同类投资有无倾向性态度等。

2. 确定意向书的主要条款

在投融资双方达成投融资意向书过程中，投资方律师应在信息收集和调查的基础上，向委托人提示投融资的法律风险并提出风险防范措施，必要时出具法律意见书，并为委托人起草或审核投融资意向书。投融资意向书通常包括以下内容中的部分或全部：投融资标的；投融资方式及投融资协议主体。根据投融资方式的不同确定投融资协议签订的主体；投融资项目是否需要投融资各方股东（大）会、董事会决议通过；确定投融资的规模及成本；投融资款项的支付；投融资的担保措施；投融资项目是否需要政府相关主管部门的批准；双方约定的进行投资必须满足的前提条件；排他协商条款。此条款应规定，未经投资方同意，被投资方不得与第三方以任何方式再行协商出让或出售其股权或资产，不得向第三方借款融资，否则视为违约并承担违约责任。该条款要求融资方向投资方提供投资方所需的企业信息和资料，尤其是融资方尚未向公众公开的相关信息和资料，以利于投资方更全面地了解融资方。

3. 意见书的附加条款

在投融资过程中，为避免任何一方借投资或融资之名套取对方的商业秘密，作为专业律师，应在意向书中设定防范此类风险的附加条款。

（1）终止条款

该条款明确如投资双方在某一规定期限内无法签订投融资协议，则意向书丧失效力。

（2）保密条款

出于谨慎的考虑，投融资双方往往在签订意向书之前即签订保密协议，也可在签订意向书的同时设定保密条款。保密条款的主要内容如下。

保密条款适用的对象，除了投融资双方之外，还包括参与投融资事务的有关工作人员和中介服务人员；保密事项，除了会谈、资料内容保密的要求外，还包括禁止投融资条款，即收到融资方保密资料的第三方在一段时间内不得购买融资方的股权或向融资方提供借款；投融资活动中双方相互披露的各种资料的保密，通常约定所披露的信息和资料仅用于评估投资项目的可行性和投资对价，不得用于其他目的；资料的返还或销毁，保密条款应约定如投融资项目未能完成，投融资双方负有相互返还或销毁对方提供的信息资料的义务。

4. 投融资条款清单

鉴于投资活动中，投资方投入的人力、物力、财力相对较大，承担的风险也较大。作为投资方的专业律师，应提请委托人注意在投资准备阶段中订立意向书时应列明如下投融资条款清单，以预防和降低投融资的法律风险。投融资条款清单记载未来正式投融资协议的主要条款。

（1）投融资交易条件

明确投融资达成必须满足的相应条件。

（2）不公开条款

该条款要求投融资的任何一方在共同公开宣告投融资事项前，未经对方同意不得向任何特定或不特定的第三人披露有关投融资事项的信息或资料，但有权机关根据法律、法规强制要求公开的除外。

（3）锁定条款

该条款要求，在意向书有效期内，投资方可依约定价格购买融资方的部分或全部资产或股权，进而排除融资方拒绝投资的可能。

（4）投资资金退出条款

投资方有权选择在投资后的一段时间内，要求被融资公司其他股东或其他方依据约定条件回购其股权；投资方有权按协议约定近期收回借款及利息等款项。

（5）担保条款

为保证投融资业务的交易安全，应合理、合法制订担保措施，并办理必要的担保登记工作。投融资活动按约结束后，投资方应配合融资方解除相应的担保登记。

（6）董事会和投票权

投资双方就董事会的组成以及相关事项的投票权进行约定，以确保投资方对被投资方重大经营行为的有效监管。

（7）费用分摊条款

该条款规定如果投融资成功，因投融资事项发生的费用应由投融资双方分摊或由被投资方承担。

（三）尽职调查阶段

投资方律师应就投资方拟投资的融资方进行深入调查或为融资方投融资业务的办理准备融资方案，核实准备阶段获取的相关信息，以备投融资双方在信息充分的情况下作出相关决策。投资方律师可以根据实际情况，在符合法律、法规的情况下对调查的具体内容作适当增加或减少。

1. 融资方的基本情况调查核实的范围

融资方及其子公司的经营范围；融资方及其子公司设立及变更的有关文件，包括工商登记材料及相关主管机关的批件；融资方及其子公司的公司章程；融资方及其子公司股东名册和持股情况；融资方及其子公司历次董事会和股东会决议；融资方及其子公司的法定代表人身份证明；融资方及其子公司的规章制度；融资方及其子公司与他人签订的投资协议；融资方主营业务的发展前景；融资方的股权及资产是否存在设置担保、诉讼保全等限制转让的情况。

2. 对融资方相关附属性文件的调查

政府有关主管部门对融资方及其子公司的批准文件；融资方及其子公司土地证、房屋产权证及租赁文件；融资方及其子公司与职工签订的劳动合同；融资方及其子公司签订的有关代理、许可证合同；

3. 对融资方财产状况的调查

公司的财务数据，包括各种财务报表、评估报告、审计报告；不动产证明文件、动产清单及其保险情况；债权、债务清单及其证明文件；纳税情况，登记证明（国税、地税），退税文件，税务优惠政策，是否有来自税务部门的处罚和争议；与金融部门的借贷协议，公司账户，内部借贷协议，银行预留财务章、签名的使用及变更；财务记账是否科学、条理。

4. 对融资方管理人员和职工情况的调查

管理人员、技术人员、职工的雇佣条件、福利待遇、劳动保险缴纳情况；主要技术人员对公司商业秘密掌握情况及其与公司签订的保密协议、不竞争协议等；特别岗位职工的保险情况；离退休职工的待遇，经济性裁员、辞退职工的安置及补偿问题。

5. 对融资方经营状况的调查

融资方经营项目的立项、批准情况；融资方对外签订的所有合同。融资方客户清单和主要竞争者名单；融资方产品质量保证文件、已知产品缺陷和对个别客户的特别保证情况；融资方广告协议和广告品的拷贝；融资方的产品责任险保险情况；融资方产品与环境保护问题，三废的处理，是否有因环境事故而受到环保部门处罚的情况；融资方产品的消费者投诉情况；融资方的特许经营情况。

6. 对融资方及其子公司知识产权情况的调查

融资方及其子公司拥有/或共享的的专利、商标、著作权和其他知识产权证明文件；融资方及其子公司专利、商标等知识产权的转让、许可使用情况；融资方及其子公司正在研制的可能获得知识产权的智力成果报告；融资方及其子公司正在申请的知识产权清单；融资方及其子公司对知识产权保护采取的措施，保密协议，知识产权侵权方面所采取的措施。

7. 对融资方法律纠纷情况的调查

正在进行和可能进行的诉讼和仲裁；诉讼或仲裁中权利的主张和放弃情况；生效法律文书的主要内容；生效法律文书的执行情况。

8. 尽职调查报告的撰写

在完成资料和信息的搜集、审查后，作为专项法律顾问律师要为委托方提供一份详细的尽职调查报告。法律尽职调查报告一般包括如下内容：委托经过和授权情况说明；委托方对尽职调查的要求；出具尽职调查的法律依据；出具尽职调查报告的责任限制或声明；律师审查过的文件清单，以及要求委托方提供但未提供的文件清单；进行尽职调查所做的各种假设；对审查过的资料进行总结分析，对所涉及的法律事项以及所有审查过的信息所隐含的法律问题进行评价和建议。

（四）投资协议签署阶段

投融资方律师在尽职调查阶段后，应协助委托人进行谈判，共同拟订投融资协议，准备相关法律文件。如果法律、法规要求投融资项目必须经政府主管机关批准的，各方律师可以协助委托人向政府主管机关提出批准申请。

1. 投融资协议的起草

投资协议是投资过程中最核心的文件，建议参考美国风险投资协会（NVCA）2007 年 4 月更新的 A 系列优先股权购买协议，起草投资协议。

（1）投融资协议的主合同

除投融资方式、价款、支付、合同生效及修改等主要条款外，一般还应具备如下内容。

第一，说明投融资项目合法性的法律依据。

第二，投融资的先决条件条款，一般是指：投融资行为已取得相关的审批手续，如当投资项目涉及金融、建筑、房地产、医药、新闻、电讯、通信等特殊行业时，投资项目需要报请有关行业主管部门批准；投融资各方当事人已取得投资项目所需的第三方必要的同意，并不与其他交易发生冲突；投融资各方因投资项目所作的声明及保证均应实际履行；完成尽职调查，并对调查结果和法律意见满意；在所有先决条件具备后，才能履行投融资交易。

第三，投资各方的声明、保证与承诺条款。包括：融资方向投资方保证没有隐瞒影响投资事项的重大问题；投资方向融资方保证具有实施投资行为的资格和财务能力；融资方如实履行投资义务的承诺以及其董事责任函。

第四，确定投资条件，确定投融资总款项。

第五，设定投融资方式与时间，必要时可以考虑在金融机构设立双方共管或第三方监管账户，并设定共管或监管程序和条件，以尽可能地降低信用风险，以保障投融资协议的顺利履行。

第六，确定投融资过程中产生的税费及其他费用的承担。

第七，限制竞争条款。

第八，确定违约责任和损害赔偿条款。

第九，设定或有损害赔偿条款。即投资方如因融资方在投资完成之前的经营行为导致的税务、环保等纠纷受到损害，融资方应承担相应的赔偿责任。

第十，设定不可抗力条款。

第十一，设定有关合同终止、投资标的交付、投资行为完成条件、保密、法律适用、争议解决等其他条款。

（2）投融资协议的附件

一般包括：融资方的财务审计报告；融资方的资产评估报告；融资方土地转让协议；政府批准转让的文件；其他有关权利的转让协议；融资方的固定资产与机器设备清单；融资方的流动资产清单；融资方的债权债务清单；融资方对外提供担保的清单；联合会议纪要；谈判记录。

上述附件的内容，各方律师可以根据实际情况在符合法律、法规的情况下，选择增减。

2. 投融资协议的生效条款

投资方律师应当提请委托人注意，如投融资项目涉及必须由国家有关部门批准的，应建议委托人约定投资协议自批准之日起生效。其他情况下，可根据委托人实际情况约定合同生效条件和时间。

（五）投资协议执行阶段

1. 在投融资履约阶段，专业律师工作主要包括以下内容。

第一，为投资各方拟订“履约备忘录”，载明履约所需各项文件，并于文件齐备时进行验证以确定是否可以开始履行合同。

第二，协助委托人办理担保登记手续和投资款项的过付及款项的接收等工作。

第三，按相关法律、法规的规定办理报批手续。

2. 申报文件

专业律师协助投资方或融资方起草或调取的、需要向相关政府主管部门报送的文件材料包括：投融资之前各方的原合同、章程及其修改协议；投融资各方的批准证书和营业执照复印件；融资方董事会、股东（大）会关于同意融资及担保的决议；审批机关要求报送的其他文件。

3. 投融资履约阶段的事务

（1）担保手续

投融资各方应及时按约办理各种担保手续，包括国有土地使用权抵押登记手续、房屋所有权抵押登记手续、股权质押登记手续、动产抵押手续、动产质押交接手续、股权变更或增资登记手续等。

（2）投资款到账验收，出具报告书

在投资方支付全部转让款并将付款凭证传真给出让方后，在约定的工作日内，融资方指定的或双方约定的注册会计师对该转让金额是否到账予以验证，并将验证报告传真给投资方。

（3）投资标的交付

投资双方及目标公司应及时办理被投资资产的交割手续和被投资股权的变更登记手续，包括所涉资产权属变更需要办理的物的交付和权属变更登记手续。

（六）资本退出阶段

投资款的退出是中小企业投融资项目的最后一个环节。对于成功的投资，退出将实现中小企业用款目的及最终实现投资方资本增值的投资收益；对于失败的投资，退出可以使投资方收回部分投资本金，减少损失的扩大。

1. 退出的方式

退出的基本方式有四种：回购股权、偿还借款、公开上市、破产清算。

2. 回购方式退出

融资方的原股东、管理层或融资方自身回购投资方的股权。回购在操作程序上与股权转让基本相同，只是这种回购要依赖于双方签署的投融资协议中有关回购的条款。

在回购方式退出时，投资方律师协助委托人起草股权回购协议或股权转让协议，协议内容中注意选择回购的方式、合法性、办理相关股权变动手续等。融资方自身回购会导致减资的出现。

3. 清偿方式退出

根据投融资协议等法律文本，融资方按期向投资方偿还投资方的投资本金及利息等费用。

4. 公开上市方式退出

由于主板市场对上市企业的上市标准要求较高，只适用于接纳大中型企业，对于中小企业来说，建议选择在创业板或中小企业板市场上市。

5. 破产清算方式退出

破产或清算是风险投资各方最不愿看到的结果，然而却是投资失败后资金退出的必经之路。当一个风险公司状况不好且难以扭转的时候，对企业资产进行破产清算是减少损失最好的办法。

第七章　企业解散、清算与破产法律实务操作

企业作为最重要的商主体，是人们根据需要依法创设的。但是，已经成立的企业，并不一定是“长寿”企业，很可能由于种种原因而解散、清算并在清算完毕、注销登记后消灭。如果上述过程完整进行下来，则该企业符合了“善始善终”的古老格言。但是，企业的这一消灭过程往往并不能顺利进行，甚至可能根本不进行，也即企业的存续往往仅有“善始”而无“善终”。因为，与设立企业时的高涨热情不同，企业解散时的投资人往往倍受挫折、心灰意冷，而清算过程本身通常又不能给他们带来积极的经济利益[①]，所以，投资人积极主动进行清算的事例并不多见。即使投资人主动进行清算，由于其对自己利益一般做优先考虑，企业债权人和职工等的利益也往往得不到应有的关注和保护。在除破产之外的强制解散企业的情况下，如有关主管机关责令违法企业关闭，现行法律要求主管机关必须组织清算组进行清算。但是，由于清算过程需要处理方方面面的复杂关系，不易顺利处理，主管机关往往有畏难倾向，不愿成为被债权人、职工等利害关系人纷扰的对象，因而，主管机关在许多情况下并不愿承担组织清算组并进行清算过程监督的义务，造成企业清算根本无法进行。

本章从法律实务操作角度来探讨公司解散的事由和法律后果、解散清算程序、重整与破产清算程序、公司注销登记，以及律师承办企业破产业务操作指引，希望能对企业解散清算和重整与破产清算提供有益参考。

---

① 这并不说明企业一定是经过破产程序而消灭。例如，有限责任公司的股东可以因为股东之间关系的恶化而决议解散公司——笔者注

一、公司解散的事由和法律后果

（一）公司解散的事由

1. 公司解散的概念

所谓公司解散，是指已成立的公司，因发生法律或章程规定的解散事由而停止营业活动，开始处理未了结的事务，并逐步终止其法人资格的行为。它具有以下特征：公司解散的目的和结果是消灭公司法人人格；公司解散后，公司并未立即终止，其法人资格仍然存在，一直到公司清算完毕并注销后才消灭其主体资格；公司解散必须经过法定清算程序，但公司因合并、分立而解散时，不必清算。

2. 公司解散的事由

公司解散因其原因或条件不同可分为以下三种。

（1）自愿解散

①自愿解散的事由

根据公司法第一百八十条之规定，公司自愿解散的事由有：

（一）公司章程规定的营业期限届满；（二）公司章程规定的解散事由出现；（三）股东大会决议解散；（四）因公司合并或者分立需要解散。

公司因合并和分立而解散，其债权债务依法由合并或分立后的公司承受，故依照公司法第一百八十三条规定无须进行清算。

②应解散公司的继续制度

这是指当公司因章程规定的解散事由出现而需解散时，依照股东意愿并通过法定程序涤除原来章程规定的解散事由，以维持公司法人人格的继续存在和同一性。依照股东们的意愿，允许公司存续，符合企业维持的理念。

公司法第一百八十一条对此规定：公司有本法第一百八十条第（1）项情形的，可以通过修改公司章程而存续。依照前款规定修改公司章程，有限责任公司须经持有三分之二以上表决权的股东通过，股份有限公司须经出席股东大会会议的股东所持表决权的三分之二以上通过。

这项制度虽然符合公司维持原则，但可能违背对此持有异议的股东在做出投资决策时形成的预期。为保护这种预期利益，对公司继续存续持有异议的股东可以依据公司法第七十四条之规定行使股份回购请求权。

（2）行政强制解散

行政强制解散，简称行政解散，这是公司因违反法律法规，严重损害国家或社会公共利益，被行政主管机关依法吊销营业执照、责令关闭、被撤销而解散。

行政主管机关对违法企业依法作出的吊销营业执照、责令关闭或者撤销的行政处罚决定生效后将导致公司被解散的法律后果，公司应当按照行政处罚决定的内容进入到公司解散的法律程序。

（3）司法解散

①司法解散的事由

在我国，司法解散特指判决解散，是指法院在法律规定的特定情形下，依申请判决解散公司。司法解散主要是为了解决公司僵局问题。公司法第一百八十二条对此作了规定，法定情形发生后，适格的股东可以向法院提起公司解散之诉。

②公司僵局

所谓公司僵局，是指公司在存续运行中由于股东或董事之间发生分歧或纠纷，且彼此不愿妥协而处于僵持状况，导致公司机构不能按照法定程序作出决策，从而使公司陷入无法正常运转，甚至瘫痪的事实状态。

公司僵局多发生在封闭型公司中，而公司决策所实行的多数表决制度和否决权的控制安排是造成公司僵局的主要症结。为有效预防和化解公司僵局，最好事先在公司章程中就日后僵局制定处理办法。

③司法解散的条件

根据公司法第一百八十二条及《公司法解释（二）》第一条第1款之规定，公司股东行使公司解散请求权，应当满足以下四个条件。

第一，请求解散的主体必须为适格股东，即行使公司解散权的主体必须是持有公司全部股东表决权百分之十以上的股东。

第二，公司必须陷入僵局，这是指公司客观上存在经营管理的严重困难情形，即具备《公司法解释（二）》第一条列举的以下四种情形之一：公司持续两年以上无法召开股东会或者股东大会，公司经营管理发生严重困难的；股东表决时无法达到法定或者公司章程规定的比例，持续两年以上不能做出有效的股东会或者股东大会决议，公司经营管理发生严重困难的；公司董事长期冲突，且无法通过股东会或者股东大会解决，公司经营管理发生严重困难的；经营管理发生其他严重困难，公司继续存续会使股东利益受到重大损失的情形。

第三，公司僵局的继续存在将使股东利益受到重大损失

公司在经营过程中，股东之间或者董事之间对某一决议事项发生分歧是正常情形，如果分歧仅仅是暂时的，或者虽然时间较长但对公司经营影响不大，特别是对公司利益并无影响，没有必要也不能请求解散公司。

第四，公司僵局不能通过其他途径予以解决

司法解散是在不能通过其他途径予以解决的情形下，如股东不能通过股权转让、公司分立等形式打破公司僵局，不得以而为之地解决僵局的最后选择。

（二）公司解散的法律后果

公司进入解散程序后，即出现以下法律后果。

1. 进入清算程序，成立清算组织

公司法第一百八十三条对此作了规定。

公司因本法第一百八十条第（一）项、第（二）项、第（四）项、第（五）项规定而解散的，应当在解散事由出现之日起十五日内成立清算组，开始清算。有限责任公司的清算组由股东组成，股份有限公司的清算组由董事或者股东大会确定的人员组成。逾期不成立清算组进行清算的，债权人可以申请人民法院指定有关人员组成清算组进行清算。人民法院应当受理该申请，并及时组织清算组进行清算。

2. 公司执行机关易位

公司解散时，由清算人代替董事会执行公司的清算事务，并成为代表公司的机关。我国公司法第一百八十四条对此作了规定。

第一百八十四条　清算组在清算期间行使下列职权：

（一）清理公司财产，分别编制资产负债表和财产清单；

（二）通知、公告债权人；

（三）处理与清算有关的公司未了结的业务；

（四）清缴所欠税款以及清算过程中产生的税款；

（五）清理债权、债务；

（六）处理公司清偿债务后的剩余财产；

（七）代表公司参与民事诉讼活动。

3. 限制权利能力，停止营业活动

公司法第一百八十六条第三款规定，清算期间，公司存续，但不得开展与清算无关的经营活动。公司财产在未依照前款规定清偿前，不得分配给股东。

4. 需要申请注销公司并公告，注销后，公司的主体资格就消灭。

公司法第一百八十八条规定，公司清算结束后，清算组应当制作清算报告，报股东会、股东大会或者人民法院确认，并报送公司登记机关，申请注销公司登记，公告公司终止。

二、解散清算程序

（一）解散清算

解散清算是企业因经营期满，或者因经营方面的其他原因致使企业不宜或者不能继续经营时，自愿或被迫宣告解散而进行的清算。

（二）清算程序

1. 成立清算组

公司因法定原因解散的，应当在解散事由出现之日起十五日内成立清算组，开始清算。有限责任公司的清算组由股东组成，股份有限公司的清算组由董事或者股东大会确定的人员组成。逾期不成立清算组进行清算的，债权人可以申请人民法院指定有关人员组成清算组进行清算。人民法院应当受理该申请，并及时组织清算组进行清算。

2. 清算组接管公司

清算组成立后，在清算期间依法可行使下列职权：清理公司财产，分别编制资产负债表和财产清单；通知、公告债权人；处理与清算有关的公司未了结的业务；清缴所欠税款以及清算过程中产生的税款；清理债权、债务；处理公司清偿债务后的剩余财产；代表公司参与民事诉讼活动。

3. 公司财产分配

清算组在清理公司财产、编制资产负债表和财产清单后，应当制定清算方案，并报股东会、股东大会或者人民法院确认。

公司财产在分别支付清算费用、职工的工资、社会保险费用和法定补偿金，缴纳所欠税款，清偿公司债务后的剩余财产，有限责任公司按照股东的出资比例分配，股份有限公司按照股东持有的股份比例分配。

清算期间，公司存续，但不得开展与清算无关的经营活动。公司财产在未依照前款规定清偿前，不得分配给股东。

4. 清算终结，公司注销

公司清算结束后，清算组应当制作清算报告，报股东会、股东大会或者人民法院确认，并报送公司登记机关，申请注销公司登记，公告公司终止。

三、重整与破产清算程序

（一）重整

1. 破产重整定义

破产重整（含和解）是指对可能或已经发生破产原因但具备重整条件且有希望再生的债务人/担保人，通过各方利害关系人的整顿和债权债务关系的清理，以期摆脱财务困境，重获经营能力的法律制度。其主要针对不能清偿到期债务，且资产不足以清偿全部债务或者明显缺乏清偿能力，或者企业有明显丧失清偿能力可能，但有重整价值的企业所采取的拯救措施。

2. 破产重整适用条件

根据2006年颁布的《企业破产法》的有关规定，破产重整的适用要求如下。

（1）法律要求

企业法人不能清偿到期债务，并且资产不足以清偿全部债务或者明显缺乏清偿能力的，债务人或债权人可以向人民法院提出重整申请。

债权人申请对债务人进行破产清算的，在人民法院受理破产申请后、宣告债务人破产前，债务人或者出资额占债务人注册资本十分之一以上的出资人，可以向人民法院申请重整。

由于重整程序各环节具有法律明确规定的时限要求，申请重整前需理顺相关债权债务关系，与债务人就重整方案达成必要一致，以利于后续重整程序顺利展开。

（2）申请破产重整的债务人 / 担保人资质要求

①所处的行业具有较高的行业壁垒（技术、资源、资质）。

②所处的行业具有可预期的乐观前景（技术换代、宏观政策）。

③具备成熟完备的生产设施及经验丰富的操作人员。

④拥有一定的研发力量（人员、设备），可产生技术优势。

⑤具有良好的外部经营环境（地方政策、地域交通、周边产业、稳定而专有的销售渠道）。

⑥得到地方政府或相关政府部门的大力扶持。

3. 破产重整工作流程（见图 7–1）

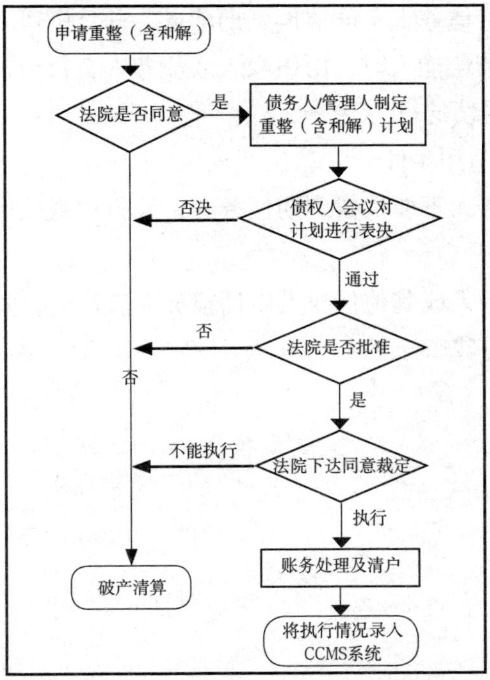

图7–1 重整（含和解）业务流程

4. 利弊分析

2006 年《企业破产法》规定的破产重整制度促成了我国破产法律价值观的历史性变化，使之在不损害债权人利益的前提下，朝着挽救债务人和维护社会经济秩序的方向转化，债权人权利的实现建立在债务人再生的基础上，力图保留企业营运价值，使债权人能够得到比在破产清算的情况下更为有利的清偿结果；同时，通过债务人企业产权、资本结构、经营战略和内部管理等多方面的调整，消除破产原因，摆脱经济困境，获得重生。

但破产重整计划由债务人负责执行，且需要持续较长的一段时间通常都是以年来计算，即意味着在破产重整程序中，债权人对于债务人的控制是相对较弱的，特别是当债务人的投资人/上级主管单位提出重整时，债权人的知情权、控制权更是被削弱，承担的风险更大。

（二）破产清算

1. 破产清算定义

破产清算是指债务人不能清偿到期债务，并且资产不足以清偿全部债务或者明显缺乏清偿能力时，由债权人或债务人自行申请破产，通过分配破产财产的方式受偿的行为。

2. 破产清算适用条件

第一，当债务人不能清偿到期债务时，我行可直接向法院申请债务人破产。

第二，当债务人或其他债权人申请债务人破产时，我行应向破产管理人申报债权，参与破产分配。

3. 破产清算工作流程（见图 7-2）

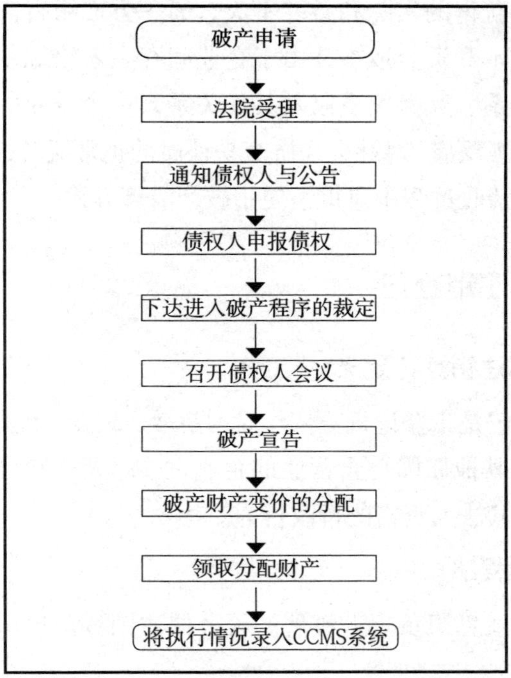

图7-2 破产清算业务流程

流程说明：

第一，向法院提出破产申请时，需向法院提交如下材料：破产申请书；银行法定代表人或负责人的身份证明书；授权委托书，注明被委托人的姓名、身份以及授权范围等。

第二，账务处理上，债权自破产申请受理时即应停止计息。

4. 利弊分析

破产清算制度旨在通过司法程序，强制将债务人的全部财产变价及公平分配，以一次性了结债务人的全部债务。其功能重在合理分配债务人的破产财产，目的是为了实现对全体债权人的公平保护。其优点即在于破产清算程序将彻底终结债务人与银行的债权债务关系，彻底消减未来银行管理破产企业债权的成本。

但是破产清算在发挥其上述积极职能的同时，也不可避免地暴露出其固有的缺点：破产清算程序复杂漫长，且受很多因素影响，除有抵质押财产外，金融机构没有其他优先受偿的机会，导致一方面银行债权人通过破产清算程序能够获得的实际利益并不大，另一方面银行需要为破产程序付出巨大的时间成本和资金成本；由于企业间存在着错综复杂的债权债务关系、相互持股关系、互保关系以及其他关系，一个企业的破产清算往往引起相关企业的连锁反应，对社会经济交易秩序的正常流转造成重大的影响。故银行债权人在清收过程中应审慎使用破产清算方式。

四、公司注销登记

（一）公司注销登记定义

公司注销登记是指登记机关依法对因解散、歇业、被撤销、宣告破产、被责令关闭或者其他原因终止营业的企业，收缴营业执照、公章等，撤销其注册号，取消其法人资格的行政行为。

（二）办理程序

第一，公司清算组负责人签署的《公司注销登记申请书》（公司加盖公章）。

第二，公司签署的《指定代表或者共同委托代理人的证明》（公司加盖公章）及指定代表或委托代理人的身份证复印件（本人签字）；应标明具体委托事项、被委托人的权限、委托期限。

第三，清算组成员《备案确认通知书》。

第四，依照公司法作出的决议或者决定；有限责任公司提交股东会决议，股份有限公司提交股东大会决议。有限责任公司由代表三分之二以上表决权的股东签署，股东为自然人的由本人签字，自然人以外的股东加盖公章；股份有限公司由代表三分之二以上表决权的发起人加盖公章或者股东大会会议主持人及出席会议的董事签字确认。国有独资有限责任公司提交出资人或出资人授权部门的文件。一人有限责任公司提交股东的书面决定（股东为自然人的由本人签字，法人股东加盖公章）。以上材料内容应当包括：公司注销决定、注销原因。法院的裁定解散、破产的，行政机关责令关闭的，应当分别提交法院的裁定文件或行政机关责令关闭的决定。因违反《公司登记管理条例》有关规定被公司登记机关依法撤销公司设立登记的，提交公司登记机关撤销公司设立登记的决定。

第五，经确认的清算报告；有限责任公司提交股东会决议，股份有限公司提交股东大会决议。有限责任公司由代表三分之二以上表决权的股东签署，股东为自然人的由本人签字，自然人以外的股东加盖公章；股份有限公司由代表三分之二以上表决权的发起人加盖公章或者股东大会会议主持人及出席会议的董事签字确认。国有独资有限责任公司提交出资人或出资人授权部门的文件。一人有限责任公司提交股东的书面决定（股东为自然人的由本人签字，法人股东加盖公章）。

第六，刊登注销公告的报纸报样。

第七，法律、行政法规规定应当提交的其他文件；国有独资公司申请注销登记，还应当提交国有资产监督管理机构的决定，其中，国务院确定的重要的国有独资公司，还应当提交本级人民政府的批准文件。有分公司的公司申请注销登记，还应当提交分公司的注销登记证明。

第八，公司的企业法人营业执照正、副本上交。

五、律师承办企业破产业务操作指引

本指引根据相关法律法规起草完成，其目的是为律师办理破产申请案件提供借鉴、经验和指导，并非强制性或规范性规定，供律师在实际业务中参考。如与新的法律、法规、规章及司法解释相抵触的，应以新颁布的法律、法规、规章及司法解释为准。

（一）破产程序申请条件

1. 破产清算案件的申请条件

（1）一般破产清算案件的申请条件

①律师应当告知当事人针对债务人进行破产清算的申请条件。债务人不能清偿到期债务并且具有下列情形之一的，债务人或者债权人可以向人民法院申请债务人破产清算：资产不足以清偿全部债务；明显缺乏清偿能力。

②债务人不能清偿到期债务，是指债务人同时存在下列情形：债权债务关系依法成立；债务履行期限已经届满；债务人未完全清偿债务。

③债务人的资产负债表，或者审计报告、资产评估报告等显示其全部

资产不足以偿付全部负债的，人民法院应当认定债务人资产不足以清偿全部债务，但有相反证据足以证明债务人资产能够偿付全部负债的除外。债务人明显缺乏清偿能力，则是指债务人账面虽资产大于负债，但存在下列情形之一：因资金严重不足或者财产不能变现等原因，无法清偿债务；法定代表人下落不明且无其他人员负责管理财产，无法清偿债务；经人民法院强制执行，无法清偿债务；长期亏损且经营扭亏困难，无法清偿债务；导致债务人丧失清偿能力的其他情形。

（2）公司清算程序转破产清算程序的申请条件

律师应当告知当事人，对于债务人已解散但未清算或者未清算完毕的，如发现债务人资产不足以清偿债务的，依法负有清算责任的人应当向人民法院申请破产清算。

2. 破产重整案件的申请条件

（1）一般破产重整案件的重整条件

①律师应当告知当事人针对债务人进行破产重整的申请条件。债务人不能清偿到期债务，但具有挽救的可能性，并且具有下列情形之一的，债务人或者债权人可以向人民法院申请债务人破产重整：资产不足以清偿全部债务；明显缺乏清偿能力；有明显丧失清偿能力可能。

②债务人资产不足以清偿全部债务及债务人明显缺乏清偿能力的认定，见前文第1.（1）.③条所列情形。

（2）破产清算转破产重整案件的申请条件

律师应当告知当事人，对于债权人申请对债务人进行破产清算的，在人民法院受理破产申请后、宣告债务人破产前，债务人或者出资额占债务人注册资本十分之一以上的出资人，可以向人民法院申请重整。

3. 破产和解案件的申请条件

（1）一般破产和解案件的申请条件

律师应当告知当事人针对债务人进行破产和解的申请条件。债务人具备本指引第1.（1）.①条所列情形，并提出和解协议草案的，可以直接向人民法院申请破产和解。

（2）破产清算转破产和解案件的申请条件

律师应当告知当事人，对于债务人在人民法院受理破产清算申请后、宣告债务人破产前提出和解协议草案的，可以向人民法院申请破产和解。

4. 破产申请的一般流程

首先，申请人向人民法院申请债务人破产的，应当向人民法院提交符合《企业破产法》及其他相关法律、法规、规章及司法解释规定的材料。债务人自行提出破产申请时，债务人的公司章程、主管部门或者监管机构对破产申请程序另有规定的，应当同时符合该规定。

其次，人民法院受理破产申请前，申请人可以请求撤回申请。

5. 破产申请中的救济途径

（1）对法院裁定的上诉权

①人民法院不受理破产申请的，代理律师应当告知当事人其作为申请人可以自裁定送达之日起十日内向上一级人民法院提起上诉。

②人民法院受理破产申请后至破产宣告前，经审查发现债务人不符合《企业破产法》第二条规定情形的，并裁定驳回申请的，申请人可以自裁定送达之日起十日内向上一级人民法院提起上诉。

（2）债务人对债权人破产申请的异议权

债务人对债权人的破产申请有异议的，应当自收到人民法院的通知之日起七日内向人民法院提出。

6. 律师承办破产申请业务的基本原则

第一，律师承办破产申请业务，应当在被委托的权限内依法履行代理职责，并且恪守律师职业道德和执业纪律，不受行政机关、其他组织和个人的非法干涉，维护当事人的合法权益和法律的正确实施。

第二，律师承办破产申请业务，应当保守在执业活动中知悉的国家秘密、商业秘密，不得泄露当事人的隐私。

（二）债务人提起破产程序申请的文件规范

1. 债务人申请破产清算应当提交的材料

律师代表债务人向人民法院申请破产清算的，应当提交下列材料。

（1）破产清算申请书

破产清算申请书应当载明下列事项。

①债务人的基本情况：包括住所地、法定代表人姓名及职务；

②申请目的：写明申请目的为启动债务人的破产清算程序；

③申请的事实和理由：描述债务人已具备申请破产清算的条件。

（2）主体资格证明

①债务人应当提交法人或者其他组织的营业执照、注册登记证书或者组织机构代码证以及法定代表人或者主要负责人的身份证明书。

②委托律师申请的，应同时提供委托书和律所公函、律师证复印件等证明材料。

（3）债务人的权力机构，如股东会、董事会、主管部门或投资人同意其破产的文件

鉴于债务人公司类型的不同，律师应当特别关注以下几点并要求当事人提供相关文件。

①有限责任公司要求代表 2/3 以上表决权的股东通过。非上市股份有限公司要求出席会议的股东所持表决权的 2/3 以上通过。一人有限责任公司不设股东会，因此一人有限责任公司在申请破产时应提交股东签名的书面决定文件。

②债务人为上市公司的，还应当提交上市公司住所地省级人民政府向证券监督管理部门的通报情况材料以及证券监督管理部门的意见。

③国有独资公司申请破产时应当提交国有资产监督管理机构同意破产的书面决定文件。

④债务人申请破产需要主管机关批准、审批或者备案的，还应当提交主管机关批准、审批或者备案的文件。

若债务人公司章程对于相应表决事项有特殊规定的，还应当遵从章程的规定。

（4）债务人的职工名单、工资清册、社保清单及职工安置预案

债务人为国家出资企业的，职工安置预案应列明职工补偿方案、安置障碍及主要解决方案、稳定因素评估及应对措施等。债务人为非国家出资企业的，职工安置预案应列明债务人解除职工劳动关系后依法应对职工的补偿方案。

（5）债务人的资产负债表、资产评估报告或审计报告

债务人为国有企业的，其资产评估报告应当附有国有资产监督管理部

门的资产评估项目备案表。

（6）债务人至破产申请日的资产状况明细表

资产状况明细表应当包括有形资产、无形资产及对外投资情况等。

（7）债务人银行开户情况表

包括开户审批材料、账号、银行存款余额等。

（8）债务人的债权、债务清册以及担保情况表

应列明债务人的债权人及债务人名称、住所、债权或数额、发生时间、催收及担保情况等。

（9）债务人所涉诉讼、仲裁、执行情况及相关法律文书

包括债务人作为原告、被告及第三人的涉诉案件。如已作出裁决，应提交相关裁判文书或仲裁文书，以及是否进入执行程序，执行是否完毕等情况。

（10）受理人民法院认为应当提交的其他材料。

2. 债务人申请破产重整应当提交的材料

律师代表债务人向人民法院申请破产重整的，应当提交下列材料。

（1）破产重整申请书

破产重整申请书应当载明下列事项。

①债务人的基本情况：包括住所地、法定代表人姓名及职务。

②申请目的：写明申请目的为启动债务人的破产重整程序。

③申请的事实和理由：描述债务人已具备申请破产重整的条件。

（2）主体资格证明

①债务人应当提交法人或者其他组织的营业执照、注册登记证书或者组织机构代码证以及法定代表人或者主要负责人的身份证明书。

②委托律师申请的，应同时提供委托书和律所公函、律师证复印件等证明材料。

（3）债务人的权力机关，如股东会、董事会、主管部门或投资人同意其破产的文件

鉴于债务人公司类型的不同，律师应当特别关注以下几点并要求当事人提供相关文件。

①有限责任公司要求代表 2/3 以上表决权的股东通过。非上市股份有

限公司要求出席会议的股东所持表决权的2/3以上通过。一人有限责任公司不设股东会，因此一人有限责任公司在申请破产时应提交股东签名的书面决定文件。

②债务人为上市公司的，还应当提交上市公司住所地省级人民政府向证券监督管理部门的通报情况材料以及证券监督管理部门的意见。

③国有独资公司申请破产时应当提交国有资产监督管理机构同意破产的书面决定文件。

④债务人申请破产需要主管机关批准、审批或者备案的，还应当提交主管机关批准、审批或者备案的文件。

若债务人公司章程对于相应表决事项有特殊规定的，还应当遵从章程的规定。

（4）债务人的职工名单、工资清册、社保清单及职工安置预案

债务人为国家出资企业的，职工安置预案应列明职工补偿方案、安置障碍及主要解决方案、稳定因素评估及应对措施等。债务人为非国家出资企业的，职工安置预案应列明债务人解除职工劳动关系后依法应对职工的补偿方案。

（5）债务人的资产负债表、资产评估报告或审计报告

债务人为国有企业的，其资产评估报告应当附有国有资产监督管理部门的资产评估项目备案表。

（6）债务人至破产申请日的资产状况明细表

资产状况明细表应当包括有形资产、无形资产及对外投资情况等。

（7）债务人银行开户情况表

包括开户审批材料、账号、银行存款余额等。

（8）债务人的债权、债务清册以及担保情况表

应列明债务人的债权人及债务人名称、住所、债权或数额、发生时间、催收及担保情况等。

（9）债务人所涉诉讼、仲裁、执行情况及相关法律文书

包括债务人作为原告、被告及第三人的涉诉案件。如已作出裁决，应提交相关裁判文书或仲裁文书，以及是否进入执行程序，执行是否完毕等情况。

（10）债务人重整的可行性评估材料，或者债务人的重整经营方案、资金筹集方案、资产与业务整顿方案及与债务人重整有关的其他方案

（11）债务人具有重整价值的证据材料

（12）受理人民法院认为应当提交的其他材料

3. 债务人申请破产和解应当提交的材料

律师代表债务人向法院申请破产和解的，应当提交下列材料。

（1）破产和解申请书

破产和解申请书应当载明下列事项。

①债务人的基本情况：包括住所地、法定代表人姓名及职务。

②申请目的：写明申请目的为启动债务人的破产和解程序。

③申请的事实和理由：描述债务人已具备申请破产和解的条件。

（2）主体资格证明

①债务人应当提交法人或者其他组织的营业执照、注册登记证书或者组织机构代码证以及法定代表人或者主要负责人的身份证明书

②委托律师申请的，应同时提供委托书和律所公函、律师证复印件等证明材料。

（3）债务人的权力机关，如股东会、董事会、主管部门或投资人同意其破产的文件

鉴于债务人公司类型的不同，律师应当特别关注以下几点并要求当事人提供相关文件。

①有限责任公司要求代表2/3以上表决权的股东通过。非上市股份有限公司要求出席会议的股东所持表决权的2/3以上通过。一人有限责任公司不设股东会，因此一人有限责任公司在申请破产时应提交股东签名的书面决定文件。

②债务人为上市公司的，还应当提交上市公司住所地省级人民政府向证券监督管理部门的通报情况材料以及证券监督管理部门的意见。

③国有独资公司申请破产时应当提交国有资产监督管理机构同意破产的书面决定文件。

④债务人申请破产需要主管机关批准、审批或者备案的，还应当提交主管机关批准、审批或者备案的文件。

若债务人公司章程对于相应表决事项有特殊规定的，还应当遵从章程的规定。

（4）债务人的职工名单、工资清册、社保清单及职工安置预案

债务人为国家出资企业的，职工安置预案应列明职工补偿方案、安置障碍及主要解决方案、稳定因素评估及应对措施等。债务人为非国家出资企业的，职工安置预案应列明债务人解除职工劳动关系后依法应对职工的补偿方案。

（5）债务人的资产负债表、资产评估报告或审计报告

债务人为国有企业的，其资产评估报告应当附有国有资产监督管理部门的资产评估项目备案表。

（6）债务人至破产申请日的资产状况明细表

资产状况明细表应当包括有形资产、无形资产及对外投资情况等。

（7）债务人银行开户情况表

包括开户审批材料、账号、银行存款余额等。

（8）债务人的债权、债务清册以及担保情况表

应列明债务人的债权人及债务人名称、住所、债权或数额、发生时间、催收及担保情况等。

（9）债务人所涉诉讼、仲裁、执行情况及相关法律文书

包括债务人作为原告、被告及第三人的涉诉案件。如已作出裁决，应提交相关裁判文书或仲裁文书，以及是否进入执行程序，执行是否完毕等情况。

（10）和解协议草案

和解协议草案应当包括如下内容：债务人的财产状况说明；债务人的负债情况说明。对于有争议的债权，应当单独列明；债务清偿的方式和期限。包括债权人清偿债务的资金来源、清偿比例以及清偿债务期限；确保执行和解协议的措施，债务人生产经营状况及前景分析；与和解协议内容有关的其他证明或说明材料。

（11）受理人民法院认为应当提交的其他材料

（三）债权人提起破产程序申请的文件规范

1. 债权人申请破产清算应当提交的材料

律师代表债权人申请债务人破产清算的，应当提交下列材料。

（1）破产清算申请书

破产清算申请书应当载明下列事项。

①申请人（即债权人）、被申请人（即债务人）的基本情况：包括名称或姓名、住所地、法定代表人姓名及职务。

②申请目的：写明申请目的为申请启动破产清算程序。

③申请的事实和理由：描述债权人对债务人享有的债权基本情况，包括债权发生的时间、数额、履行期限、有无财产担保等事实；债权人债权有无追讨情况以及债务人不能清偿到期债务的事实。

（2）主体资格证明

①申请人为自然人的，应当提交记载其姓名、性别、年龄、民族、住所、联系方式、身份证号码等基本信息的材料，如身份证、户口簿、居住证明、护照或者港澳台胞回乡证等。

②申请人为法人或其他组织的，应当提交法人或者其他组织的营业执照、注册登记证书或者组织机构代码证以及法定代表人或者主要负责人的身份证明书。

③委托律师申请的，应同时提供委托书和律所公函、律师证复印件等证明材料。

（3）债务人的主体资格证明

①债务人是公司法人的，可以是其营业执照、组织结构代码证或者经合法调取的债务人工商登记档案机读材料。

②债务人是其他企业法人的，可以是其注册登记证书、组织结构代码证或在登记机关合法调取的债务人档案材料。

（4）债权发生的事实、数额以及财产担保的有关证据

如：仲裁机构、法院作出的生效裁判文书；具有强制执行效力的债权文书公证书；引起债权发生的合同、协议、订单等。

（5）债权合法有效的有关证据

如：裁机构、法院作出的生效裁判文书；具有强制执行效力的债权文

书公证书；债权人在法定期限内申请执行的证明文件；债权未经生效裁判文书或者具有强制执行效力的公证文书确认的，还可以提供债权人的催款函、律师函等可证明未超过诉讼时效的有关证据。

（6）债务人不能清偿申请人到期债务的证据

如：债权履行期限已满，债务人未完整履行清偿义务的证据；债务人明示无法清偿债务或拒绝清偿债务的证据；法院在对债务人的执行案件中因未能执行完毕或者无财产可供执行等原因而作出的中止执行或终结执行的法律文书，或者其他能够证明债务人不能清偿申请人到期债务的执行笔录或者其他证据。

（7）法院认为应当提交的其他材料

2. 债权人申请破产重整应当提交的材料

律师代表债权人申请债务人破产重整的，应当提交下列材料。

（1）破产重整申请书

破产清算申请书应当载明下列事项。

①申请人（即债权人）、被申请人（即债务人）的基本情况：包括名称或姓名、住所地、法定代表人姓名及职务。

②申请目的：写明申请目的为申请启动破产重整程序。

③申请的事实和理由：描述债权人对债务人享有的债权基本情况，包括债权发生的时间、数额、履行期限、有无财产担保等事实；债权人债权有无追讨情况以及债务人不能清偿到期债务的事实；对债务人具有挽救的的可能性进行简要分析。

（2）主体资格证明

①申请人为自然人的，应当提交记载其姓名、性别、年龄、民族、住所、联系方式、身份证号码等基本信息的材料，如身份证、户口簿、居住证明、护照或者港澳台胞回乡证等。

②申请人为法人或其他组织的，应当提交法人或者其他组织的营业执照、注册登记证书或者组织机构代码证以及法定代表人或者主要负责人的身份证明书。

③委托律师申请的，应同时提供委托书和律所公函、律师证复印件等证明材料。

（3）债务人的主体资格证明

①债务人是公司法人的，可以是其营业执照、组织结构代码证或者经合法调取的债务人工商登记档案机读材料。

②债务人是其他企业法人的，可以是其注册登记证书、组织结构代码证或在登记机关合法调取的债务人档案材料。

（4）债权发生的事实、数额以及财产担保的有关证据

如：仲裁机构、法院作出的生效裁判文书；具有强制执行效力的债权文书公证书；引起债权发生的合同、协议、订单等。

（5）债权合法有效的有关证据

如：仲裁机构、法院作出的生效裁判文书；具有强制执行效力的债权文书公证书；债权人在法定期限内申请执行的证明文件；债权未经生效裁判文书或者具有强制执行效力的公证文书确认的，还可以提供债权人的催款函、律师函等可证明未超过诉讼时效的有关证据。

（6）债务人不能清偿申请人到期债务的证据

如：债权履行期限已满，债务人未完整履行清偿义务的证据；债务人明示无法清偿债务或拒绝清偿债务的证据；法院在对债务人的执行案件中因未能执行完毕或者无财产可供执行等原因而作出的中止执行或终结执行的法律文书，或者其他能够证明债务人不能清偿申请人到期债务的执行笔录或者其他证据。

（7）债务人重整的可行性评估材料，或者债务人的重整经营方案、资金筹集方案、资产与业务整顿方案及与债务人重整有关的其他方案

（8）债务人具有重整价值的证据材料

（9）法院认为应当提交的其他材料

（四）其他主体提起破产程序申请的文件规范

1. 债务人股东申请破产清算程序转破产重整程序应当提交的材料

律师代表出资额占债务人注册资本十分之一以上的出资人申请重整的，应当提交下列材料。

（1）重整申请书

重整申请书应当载明下列事项。

①申请人（即出资人）、被申请人（即债务人）的基本情况：包括名称或姓名、住所地、法定代表人姓名及职务。

②申请目的：写明申请目的为申请启动重整。

③申请的事实和理由：描述债务人的资产负债和经营概况；对债务人的产业结构、盈利模式、竞争优势等在未来具有发展前景的简要分析；对债务人重整方向和经营前景提出初步可行性整改计划；对债权人利益保障的措施方案等。

（2）申请人的主体资格证明

①申请人为自然人的，应当提交记载其姓名、性别、年龄、民族、住所、联系方式、身份证号码等基本信息的材料，如身份证、户口簿、居住证明、护照或者港澳台胞回乡证等；

②申请人为法人或其他组织的，应当提交法人或者其他组织的营业执照、注册登记证书或者组织机构代码证以及法定代表人或者主要负责人的身份证明书；

③申请人对债务人出资 10% 以上的证明；

④委托律师申请的，应同时提供委托书和律所公函、律师证复印件等证明材料。

（3）债务人的主体资格证明

①债务人是公司法人的，可以是其营业执照、组织结构代码证或者经合法调取的债务人工商登记档案机读材料。

②债务人是其他企业法人的，可以是其注册登记证书、组织结构代码证或在登记机关合法调取的债务人档案材料。

（4）债务人重整的可行性评估材料，或者债务人的重整经营方案、资金筹集方案、资产与业务整顿方案及与债务人重整有关的其他方案

（5）债务人具有重整价值的证据材料

（6）法院认为应当提交的其他材料

2. 清算责任人申请公司清算程序转破产清算程序应当提交的材料

律师代表债务人已解散但未清算或者未清算完毕时，依法负有清算责任的人向人民法院申请债务人破产清算的，应当提交下列材料。

（1）破产申请书

破产申请书应当载明下列事项。

①申请人、被申请人的基本情况：包括名称或姓名、联系方式、法定代表人姓名及职务等。

②申请目的：写明申请目的为申请启动对被申请人的破产清算程序。

③申请的事实和理由：描述被申请人住所地、工商登记注册情况；解散的情况及资产负债情况；职工情况；以及申请人的基本情况、申请人与被申请人的关系、申请人的申请资格等事实；从对象法院是否具有管辖权；被申请人是否属于破产适格主体；是否具备破产原因等方面写明申请的理由。

（2）申请人的主体资格证明

①申请人为自然人的，应当提交记载其姓名、性别、年龄、民族、住所、联系方式、身份证号码等基本信息的材料，如身份证、户口簿、居住证明、护照或者港澳台胞回乡证等。

②申请人为法人或其他组织的，应当提交法人或者其他组织的营业执照、注册登记证书或者组织机构代码证以及法定代表人或者主要负责人的身份证明书。

③委托律师申请的，应同时提供委托书和律所公函、律师证复印件等证明材料。

（3）被申请人的主体资格证明

①被申请人是公司法人的，可以是其营业执照、组织结构代码证或者经合法调取的被申请人工商登记档案机读材料。

②被申请人是其他企业法人的，可以是其注册登记证书、组织结构代码证或在登记机关合法调取的债务人档案材料。

（4）被申请人解散及清算组的组成情况

如：①结算的决议；②清算组组成人员及工商备案材料等。

（5）债务人资产不足以清偿债务的证据

①债务人未经清算的，应提交本章前文所列“债务人申请破产重整应当提交的材料”（5）（6）（7）（8）项规定的材料。

②债务人经过清算的，应提交清算报告。

（6）债务人的职工名单、工资清册、社保清单及职工安置预案

债务人为国家出资企业的，职工安置预案应列明职工补偿方案、安置障碍及主要解决方案、稳定因素评估及应对措施等。债务人为非国家出资企业的，职工安置预案应列明债务人解除职工劳动关系后依法应对职工的补偿方案。

（7）法院认为应当提交的其他材料

第八章　企业的社会责任法律实务操作

传统企业的经营目的主要在于为股东赚取更多的利润，而企业社会责任理论的出现改变了这一传统，其要求企业在考虑股东利益的同时，也应该兼顾到社会中其他相关者的权益保护，例如劳工权益保护，消费者权益保护，以及与社会密切相关的环境防治和社区治理等问题，这些都与企业的生存和发展密切相关。

随着企业在社会生活中扮演了越来越重要的角色，企业社会责任这一议题也逐渐进入了法学领域中，在我国突出表现为2005年公司法第五条中加入了“社会责任”，这一修订被视作是我国企业社会责任条款的诞生，并引起了商法学界的积极讨论。但自那之后，由于对于企业社会责任理论认识的不足，以及公司法第五条概括性质的规定，有关企业社会责任法律化的理论研究和司法实践并未取得实质性质的突破。2020年颁布的《民法典》在总则编的“营利法人”中通过第八十六条再次规定了“社会责任”的内容，这一条可看作对于公司法第五条的延续和发展。将企业社会责任条款规定于《民法典》的总则编之中，于我国民商合一的立法模式之下，使得第八十六条具有了商法原则的地位。明确企业社会责任条款具有法律原则的性质，于现有立法模式之下，无论是对条款自身性质的认识与解释，还是对于法条适用方法的探究都大有裨益。

本章主要从企业与劳动者责任、企业与消费者责任、企业与环境责任、律师承办企业相关社会责任业务操作指引等四个方面探讨企业的社会责任法律实务操作。

一、企业与劳动者责任

（一）劳动合同

1. 劳动合同的概念

劳动合同，是指劳动者与用人单位之间确立劳动关系，明确双方权利和义务的协议。订立和变更劳动合同，应当遵循平等自愿、协商一致的原则，不得违反法律、行政法规的规定。劳动合同依法订立即具有法律约束力，当事人必须履行劳动合同规定的义务。

根据《中华人民共和国劳动法》（以下简称《劳动法》）第十六条第一款规定，劳动合同是劳动者与用工单位之间确立劳动关系，明确双方权利和义务的协议。根据这个协议，劳动者加入企业、个体经济组织、事业组织、国家机关、社会团体等用人单位，成为该单位的一员，承担一定的工种、岗位或职务工作，并遵守所在单位的内部劳动规则和其他规章制度；用人单位应及时安排被录用的劳动者工作，按照劳动者提供劳动的数量和质量支付劳动报酬，并且根据劳动法律、法规规定和劳动合同的约定提供必要的劳动条件，保证劳动者享有劳动保护及社会保险、福利等权利和待遇。

2. 劳动合同的类型

（1）固定期限的劳动合同

固定期限劳动合同，是指用人单位与劳动者约定合同终止时间的劳动合同。

（2）无固定期限的劳动合同

无固定期限劳动合同，是指用人单位与劳动者约定无确定终止时间的劳动合同。

《劳动合同法》第十四条　用人单位与劳动者协商一致，可以订立无固定期限劳动合同。有下列情形之一，劳动者提出或者同意续订、订立劳动合同的，除劳动者提出订立固定期限劳动合同外，应当订立无固定期限劳动合同：

（一）劳动者在该用人单位连续工作满十年的；

（二）用人单位初次实行劳动合同制度或者国有企业改制重新订立劳动合同时，劳动者在该用人单位连续工作满十年且距法定退休年龄不足十年的；

（三）连续订立二次固定期限劳动合同，且劳动者没有本法第三十九条和第四十条第一项、第二项规定的情形，续订劳动合同的。

用人单位自用工之日起满一年不与劳动者订立书面劳动合同的，视为用人单位与劳动者已订立无固定期限劳动合同。

（3）以完成一定工作任务为期限的劳动合同

以完成一定工作任务为期限的劳动合同，是指用人单位与劳动者约定以某项工作的完成为合同期限的劳动合同。

3. 劳动合同的形式

（1）劳动合同应采取书面形式。

《劳动合同法》第十条　建立劳动关系，应当订立书面劳动合同。

已建立劳动关系，未同时订立书面劳动合同的，应当自用工之日起一个月内订立书面劳动合同。用人单位与劳动者在用工前订立劳动合同的，劳动关系自用工之日起建立。

（2）未订立书面劳动合同的法律后果。

《劳动合同法》第八十二条　用人单位自用工之日起超过一个月不满一年未与劳动者订立书面劳动合同的，应当向劳动者每月支付二倍的工资。

用人单位违反本法规定不与劳动者订立无固定期限劳动合同的，自应当订立无固定期限劳动合同之日起向劳动者每月支付二倍的工资。

注：用人单位事后补订书面劳动合同的义务不因此而免除。

我国《劳动合同法》第十四条第三款　用人单位自用工之日起满一年不与劳动者订立书面劳动合同的，视为用人单位与劳动者已订立无固定期限劳动合同。

4. 关于劳动合同条款的特殊规定

（1）试用期条款

①劳动合同法的规定

《劳动合同法》第十九条　劳动合同期限三个月以上不满一年的，试用期不得超过一个月；劳动合同期限一年以上不满三年的，试用期不得超过二个月；三年以上固定期限和无固定期限的劳动合同，试用期不得超过六个月。

同一用人单位与同一劳动者只能约定一次试用期。

以完成一定工作任务为期限的劳动合同或者劳动合同期限不满三个月的，不得约定试用期。

试用期包含在劳动合同期限内。劳动合同仅约定试用期的，试用期不成立，该期限为劳动合同期限。

《劳动合同法》第三十七条　劳动者在试用期内提前三日通知用人单位，可以解除劳动合同。

第二十一条　在试用期中，除劳动者有本法第三十九条和第四十条第一项、第二项规定的情形外，用人单位不得解除劳动合同。用人单位在试用期解除劳动合同的，应当向劳动者说明理由。

第三十九条　劳动者在试用期间被证明不符合录用条件的，用人单位可以解除劳动合同。

第四十条　有下列情形之一的，用人单位提前三十日以书面形式通知劳动者本人或者额外支付劳动者一个月工资后，可以解除劳动合同：

（一）劳动者患病或者非因工负伤，在规定的医疗期满后不能从事原工作，也不能从事由用人单位另行安排的工作的；

（二）劳动者不能胜任工作，经过培训或者调整工作岗位，仍不能胜任工作的；

（三）劳动合同订立时所依据的客观情况发生重大变化，致使劳动合同无法履行，经用人单位与劳动者协商，未能就变更劳动合同内容达成协议的。

②关于非全日制用功的规定

《劳动合同法》第七十条　非全日制用工双方当事人不得约定试用期。

第六十八条　非全日制用工，是指以小时计酬为主，劳动者在同一用人单位一般平均每日工作时间不超过四小时，每周工作时间累计不超过二十四小时的用工形式。

③试用期的工资待遇

《劳动合同法》第二十条　劳动者在试用期的工资不得低于本单位相同岗位最低档工资或者劳动合同约定工资的百分之八十，并不得低于用人单位所在地的最低工资标准。

④违法约定试用期的法律责任。

《劳动合同法》第八十三条　用人单位违反本法规定与劳动者约定试用期的（包括不得有的试用期、不成立的试用期、超过法定最长期限的试用期），由劳动行政部门责令改正；违法约定的试用期已经履行的，由用人单位以劳动者试用期满月工资为标准，按已经履行的超过法定试用期的期间向劳动者支付赔偿金。

（2）服务期条款

《劳动合同法》第二十二条　用人单位为劳动者提供专项培训费用，对其进行专业技术培训的，可以与该劳动者订立协议，约定服务期。

劳动者违反服务期约定的，应当按照约定向用人单位支付违约金。违约金的数额不得超过用人单位提供的培训费用。用人单位要求劳动者支付的违约金不得超过服务期尚未履行部分所应分摊的培训费用。

用人单位与劳动者约定服务期的，不影响按照正常的工资调整机制提高劳动者在服务期期间的劳动报酬。

注意：用人单位在合同中与劳动者约定服务期的前提条件是用人单位为劳动者提供专项培训费用，对其进行专业技术培训。此处的专业技术培训不包括面向一般劳动者的入门型或通用性知识和技能的培训，如岗位适应性培训、上岗和转岗培训、劳动安全卫生培训等。

5. 劳动合同的订立

（1）用人单位的告知义务

《劳动合同法》第八条　用人单位招用劳动者时，应当如实告知劳动者工作内容、工作条件、工作地点、职业危害、安全生产状况、劳动报酬，以及劳动者要求了解的其他情况；用人单位有权了解劳动者与劳动合同直接相关的基本情况，劳动者应当如实说明。

（2）用人单位的禁止行为

《劳动合同法》第九条　用人单位招用劳动者，不得扣押劳动者的居民身份证和其他证件，不得要求劳动者提供担保或者以其他名义向劳动者收取财物。

（3）关于劳动报酬的确定

《劳动合同法》第十一条　用人单位未在用工的同时订立书面劳动合

同，与劳动者约定的劳动报酬不明确的，新招用的劳动者的劳动报酬按照集体合同规定的标准执行；没有集体合同或者集体合同未规定的，实行同工同酬。

（4）劳动合同的内容

《劳动合同法》第十七条　劳动合同应当具备以下条款：

（一）用人单位的名称、住所和法定代表人或者主要负责人；

（二）劳动者的姓名、住址和居民身份证或者其他有效身份证件号码；

（三）劳动合同期限；

（四）工作内容和工作地点；

（五）工作时间和休息休假；

（六）劳动报酬；

（七）社会保险；

（八）劳动保护、劳动条件和职业危害防护；

（九）法律、法规规定应当纳入劳动合同的其他事项。

劳动合同除前款规定的必备条款外，用人单位与劳动者可以约定试用期、培训、保守秘密、补充保险和福利待遇等其他事项。

6. 劳动合同的无效

《劳动合同法》第二十六条　下列劳动合同无效或者部分无效：

（一）以欺诈、胁迫的手段或者乘人之危，使对方在违背真实意思的情况下订立或者变更劳动合同的；

（二）用人单位免除自己的法定责任、排除劳动者权利的；

（三）违反法律、行政法规强制性规定的。

对劳动合同的无效或者部分无效有争议的，由劳动争议仲裁机构或者人民法院确认。

第二十七条　劳动合同部分无效，不影响其他部分效力的，其他部分仍然有效。

第二十八条　劳动合同被确认无效，劳动者已付出劳动的，用人单位应当向劳动者支付劳动报酬。劳动报酬的数额，参照本单位相同或者相近岗位劳动者的劳动报酬确定。

7. 劳动合同的解除

（1）协议解除

《劳动合同法》第三十六条　用人单位与劳动者协商一致，可以解除劳动合同。

（2）劳动者单方解除

①预告辞职是指劳动者辞职之前要向用人单位进行预告。

《劳动合同法》第三十七条　劳动者提前三十日以书面形式通知用人单位，可以解除劳动合同。劳动者在试用期内提前三日通知用人单位，可以解除劳动合同。

②即时辞职是指无需向用人单位预告即可随时辞职。

《劳动合同法》第三十八条　用人单位有下列情形之一的，劳动者可以解除劳动合同：

（一）未按照劳动合同约定提供劳动保护或者劳动条件的；

（二）未及时足额支付劳动报酬的；

（三）未依法为劳动者缴纳社会保险费的；

（四）用人单位的规章制度违反法律、法规的规定，损害劳动者权益的；

（五）因本法第二十六条第一款规定的情形致使劳动合同无效的；

（六）法律、行政法规规定劳动者可以解除劳动合同的其他情形。

用人单位以暴力、威胁或者非法限制人身自由的手段强迫劳动者劳动的，或者用人单位违章指挥、强令冒险作业危及劳动者人身安全的，劳动者可以立即解除劳动合同，不需事先告知用人单位。

（3）用人单位单方解除（辞退）

①即时辞退

《劳动合同法》第三十九条　劳动者有下列情形之一的，用人单位可以解除劳动合同：

（一）在试用期间被证明不符合录用条件的；

（二）严重违反用人单位的规章制度的；

（三）严重失职，营私舞弊，给用人单位造成重大损害的；

（四）劳动者同时与其他用人单位建立劳动关系，对完成本单位的工作任务造成严重影响，或者经用人单位提出，拒不改正的；

（五）因本法第二十六条第一款第一项规定的情形致使劳动合同无效的；

（六）被依法追究刑事责任的。

②预告辞退

《劳动合同法》第四十条　有下列情形之一的，用人单位提前三十日以书面形式通知劳动者本人或者额外支付劳动者一个月工资后，可以解除劳动合同：

（一）劳动者患病或者非因工负伤，在规定的医疗期满后不能从事原工作，也不能从事由用人单位另行安排的工作的；

（二）劳动者不能胜任工作，经过培训或者调整工作岗位，仍不能胜任工作的；

（三）劳动合同订立时所依据的客观情况发生重大变化，致使劳动合同无法履行，经用人单位与劳动者协商，未能就变更劳动合同内容达成协议的。

③裁员

《劳动合同法》第四十一条　有下列情形之一，需要裁减人员二十人以上或者裁减不足二十人但占企业职工总数百分之十以上的，用人单位提前三十日向工会或者全体职工说明情况，听取工会或者职工的意见后，裁减人员方案经向劳动行政部门报告，可以裁减人员：

（一）依照企业破产法规定进行重整的；

（二）生产经营发生严重困难的；

（三）企业转产、重大技术革新或者经营方式调整，经变更劳动合同后，仍需裁减人员的；

（四）其他因劳动合同订立时所依据的客观经济情况发生重大变化，致使劳动合同无法履行的。

裁减人员时，应当优先留用下列人员：

（一）与本单位订立较长期限的固定期限劳动合同的；

（二）与本单位订立无固定期限劳动合同的；

（三）家庭无其他就业人员，有需要扶养的老人或者未成年人的。

用人单位依照本条第一款规定裁减人员，在六个月内重新招用人员的，应当通知被裁减的人员，并在同等条件下优先招用被裁减的人员。

④预告辞职和裁员的禁止性条件

《劳动合同法》第四十二条　劳动者有下列情形之一的，用人单位不得依照本法第四十条、第四十一条的规定解除劳动合同：

（一）从事接触职业病危害作业的劳动者未进行离岗前职业健康检查，或者疑似职业病病人在诊断或者医学观察期间的；

（二）在本单位患职业病或者因工负伤并被确认丧失或者部分丧失劳动能力的；

（三）患病或者非因工负伤，在规定的医疗期内的；

（四）女职工在孕期、产期、哺乳期的；

（五）在本单位连续工作满十五年，且距法定退休年龄不足五年的；

（六）法律、行政法规规定的其他情形。

8. 劳动合同的终止

《劳动合同法》第四十四条　有下列情形之一的，劳动合同终止：

（一）劳动合同期满的；

（二）劳动者开始依法享受基本养老保险待遇的；

（三）劳动者死亡，或者被人民法院宣告死亡或者宣告失踪的；

（四）用人单位被依法宣告破产的；

（五）用人单位被吊销营业执照、责令关闭、撤销或者用人单位决定提前解散的；

（六）法律、行政法规规定的其他情形。

9. 劳动合同解除和终止时的经济补偿

（1）支付经济补偿的事由

《劳动合同法》第四十六条　有下列情形之一的，用人单位应当向劳动者支付经济补偿：

（一）劳动者依照本法第三十八条规定解除劳动合同的；

（二）用人单位依照本法第三十六条规定向劳动者提出解除劳动合同并与劳动者协商一致解除劳动合同的；

（三）用人单位依照本法第四十条规定解除劳动合同的；

（四）用人单位依照本法第四十一条第一款规定解除劳动合同的；

（五）除用人单位维持或者提高劳动合同约定条件续订劳动合同，劳动者不同意续订的情形外，依照本法第四十四条第一项规定终止固定期限劳动合同的；

（六）依照本法第四十四条第四项、第五项规定终止劳动合同的；

（七）法律、行政法规规定的其他情形。

（2）经济补偿标准

《劳动合同法》第四十七条　经济补偿按劳动者在本单位工作的年限，每满一年支付一个月工资的标准向劳动者支付。六个月以上不满一年的，按一年计算；不满六个月的，向劳动者支付半个月工资的经济补偿。

劳动者月工资高于用人单位所在直辖市、设区的市级人民政府公布的本地区上年度职工月平均工资三倍的，向其支付经济补偿的标准按职工月平均工资三倍的数额支付，向其支付经济补偿的年限最高不超过十二年。

本条所称月工资是指劳动者在劳动合同解除或者终止前十二个月的平均工资。

（3）用人单位违法解除或终止劳动合同的后果

①优先强制继续履行

第四十八条　用人单位违反本法规定解除或者终止劳动合同，劳动者要求继续履行劳动合同的，用人单位应当继续履行；劳动者不要求继续履行劳动合同或者劳动合同已经不能继续履行的，用人单位应当依照本法第八十七条规定支付赔偿金。

②支付赔偿金

劳动者不要求继续履行劳动合同或者劳动合同已经不能继续履行的，用人单位应当依照本法第八十七条规定支付赔偿金。

（二）劳动者的权利

劳动者权利，包括平等就业的权利；选择职业的权利；取得劳动报酬的权利；有权获得劳动安全卫生保护的权利；享有社会保险和福利的权利；接受职业技能培训的权利；提请劳动争议处理的权利；休息休假的权利。

《劳动法》规定了劳动者在劳动关系中的各项权利，主要有以下几个方面。

1. 劳动者有平等就业的权利

是指具有劳动能力的公民，有获得职业的权利。劳动是人们生活的第一个基本条件，是创造物质财富和精神财富的源泉。劳动就业权是有劳动能力的公民获得参加社会劳动和切实保证按劳取酬的权利。公民的劳动就业权是公民享有其他各项权利的基础。如果公民的劳动就业权不能实现，其他一切权利也就失去了基础。

2. 劳动者有选择职业的权利

是指劳动者根据自己的意愿选择适合自己才能、爱好的职业。劳动者拥有自由选择职业的权利，有利于劳动者充分发挥自己的特长，促进社会生产力的发展。劳动者在劳动力市场上作为就业的主体，具有支配自身劳动力的权利，可根据自身的素质、能力、志趣和爱好，以及市场资讯，选择用人单位和工作岗位。选择职业的权利是劳动者劳动权利的体现，是社会进步的一个标志。

3. 劳动者有取得劳动报酬的权利

随着劳动制度的改革，劳动报酬成为劳动者与用人单位所签订的劳动合同的必备条款。劳动者付出劳动，依照合同及国家有关法律取得报酬，是劳动者的权利。而及时、定额地向劳动者支付工资，则是用人单位的义务。用人单位违法这些应尽的义务，劳动者有权依法要求有关部门追究其责任。获取劳动报酬是劳动者持续的形式劳动权不可少的物质保证。

4. 劳动者有权获得劳动安全卫生保护的权利

这是保证劳动者在劳动中生命安全和身体健康，是对享受劳动权利的主体切身利益最直接的保护。这面包括防止工伤事故和职业病。如果企业单位劳动保护工作欠缺，其后果不仅是某些权益的丧失，而且是劳动者健康和生命直接受到伤害。

5. 劳动者享有休息的权利

我国宪法规定，劳动者有休息的权利，国家发展劳动者休息和休养的设施，规定职工的工作时间和休假制度。

6. 劳动者享有社会保险和福利的权利

疾病和年老是每一个劳动者都不可避免的。社会保险是劳动力再生产的一种客观需要。我国《劳动法》规定劳动保险包括：养老保险、医疗保险、工伤保险、失业保险、生育保险等。但目前我国的社会保险还存在一些问题，社会保险基金制度不健全，国家负担过重，社会保险的实施范围不广泛，发展不平衡，社会化程度低，影响劳动力合理流动。

7. 劳动者有接受职业技能培训的权利

我国宪法规定，公民有受教育的权利和义务。所谓受教育既包括受普通教育，也包括受职业教育。公民要实现自己的劳动权，必须拥有一定的职业技能，而要获得这些职业技能，越来越依赖于专门的职业培训。因此，劳动者若没有职业培训权利，那么劳动就业权利也就成为一句空话。

8. 劳动者有提请劳动争议处理的权利

劳动争议是指劳动关系当事人，因执行《劳动法》或履行集体合同和劳动合同的规定引起的争议。劳动关系当事人，作为劳动关系的主体，各自存在着不同的利益，双方不可避免的会产生分歧。用人单位与劳动者发生劳动争议，劳动者可以依法申请调解、仲裁、提起诉讼。劳动争议调解委员会由用人单位、工会和职工代表组成。劳动仲裁委员会由劳动行政部门的代表、同级工会、用人单位代表组成。解决劳动争议应该贯彻合法、公正、及时处理的原则。

9. 法律规定的其他权利

法律规定的其他权利包括依法法律规定的其他权利。法律规定的其他权利有：依法参加和组织工会的权利，依法享有参与民主管理的权利，劳动者依法享有参加社会义务劳动的权利，从事科学研究、技术革新、发明创造的权利，依法解除劳动合同的权利，对用人单位管理人员违章指挥、强令冒险作业有拒绝执行的权利，对危害生命安全和身体健康的行为有权提出批评、举报和控告的权利，对违反劳动法的行为进行监督的权利等。

二、企业与消费者责任

（一）消费者的基本理论

1. 消费者的定义

所谓消费者，是指为达到个人消费使用目的而购买各种产品与服务的个人或最终产品的个人使用者。

我国《消费者权益保护法》第二条将“为生活消费需要购买、使用商品或者接受服务”的行为界定为消费者的消费行为。根据这一规定，所谓消费者，是指为满足生活需要而购买、使用商品或接受服务的，由国家专门法律确认其主体地位和保护其消费权益的个人。

这一定义不仅符合《消费者权益保护法》保护消费者的立法原则，而且是与“保护消费者合法权益的社会团体”的性质相一致（有些单位为职工生活消费购买的商品，最终是要通过社会个体成员的使用）。同时，也与有关国际组织和国家的方法相一致。国际标准化组织（ISO）认为，消费者是以个人消费为目的而购买使用商品和服务的个体社会成员。

2. 消费者权益保护法的适用对象

《消费者权益保护法》第二条　消费者为生活消费需要购买、使用商品或者接受服务，其权益受本法保护；本法未作规定的，受其他有关法律、法规保护。

第三条　经营者为消费者提供其生产、销售的商品或者提供服务，应当遵守本法；本法未作规定的，应当遵守其他有关法律、法规。

第六十二条　农民购买、使用直接用于农业生产的生产资料，参照本法执行。

（二）消费者的权利和经营者的义务

1. 消费者的权利（见我国《消费者权益保护法》第七至第十五条）

（1）安全保障权

第七条　消费者在购买、使用商品和接受服务时享有人身、财产安全不受损害的权利。

消费者有权要求经营者提供的商品和服务，符合保障人身、财产安全的要求。

（2）知悉真情权

第八条　消费者享有知悉其购买、使用的商品或者接受的服务的真实情况的权利。

消费者有权根据商品或者服务的不同情况，要求经营者提供商品的价格、产地、生产者、用途、性能、规格、等级、主要成份、生产日期、有效期限、检验合格证明、使用方法说明书、售后服务，或者服务的内容、规格、费用等有关情况。

（3）自主选择权

第九条　消费者享有自主选择商品或者服务的权利。

消费者有权自主选择提供商品或者服务的经营者，自主选择商品品种或者服务方式，自主决定购买或者不购买任何一种商品、接受或者不接受任何一项服务。

消费者在自主选择商品或者服务时，有权进行比较、鉴别和挑选。

（4）公平交易权

第十条　消费者享有公平交易的权利。

消费者在购买商品或者接受服务时，有权获得质量保障、价格合理、计量正确等公平交易条件，有权拒绝经营者的强制交易行为。

（5）获得赔偿权

第十一条　消费者因购买、使用商品或者接受服务受到人身、财产损害的，享有依法获得赔偿的权利。

（6）结社权

第十二条　消费者享有依法成立维护自身合法权益的社会组织的权利。

（7）获得相关知识权

第十三条　消费者享有获得有关消费和消费者权益保护方面的知识的权利。

消费者应当努力掌握所需商品或者服务的知识和使用技能，正确使用商品，提高自我保护意识。

（8）受尊重权

第十四条　消费者在购买、使用商品和接受服务时，享有人格尊严、民族风俗习惯得到尊重的权利，享有个人信息依法得到保护的权利。

（9）监督批评权

第十五条　消费者享有对商品和服务以及保护消费者权益工作进行监督的权利。

消费者有权检举、控告侵害消费者权益的行为和国家机关及其工作人员在保护消费者权益工作中的违法失职行为，有权对保护消费者权益工作提出批评、建议。

2. 经营者的义务（见我国《消费者权益保护法》第十六至第二十九条）

（1）履行法定义务及约定义务

第十六条　经营者向消费者提供商品或者服务，应当依照本法和其他有关法律、法规的规定履行义务。

经营者和消费者有约定的，应当按照约定履行义务，但双方的约定不得违背法律、法规的规定。

经营者向消费者提供商品或者服务，应当恪守社会公德，诚信经营，保障消费者的合法权益；不得设定不公平、不合理的交易条件，不得强制交易。

（2）接受监督义务

第十七条　经营者应当听取消费者对其提供的商品或者服务的意见，接受消费者的监督。

（3）保证商品和服务安全的义务

第十八条　经营者应当保证其提供的商品或者服务符合保障人身、财产安全的要求。对可能危及人身、财产安全的商品和服务，应当向消费者作出真实的说明和明确的警示，并说明和标明正确使用商品或者接受服务的方法以及防止危害发生的方法。

宾馆、商场、餐馆、银行、机场、车站、港口、影剧院等经营场所的经营者，应当对消费者尽到安全保障义务。

第十九条　经营者发现其提供的商品或者服务存在缺陷，有危及人身、财产安全危险的，应当立即向有关行政部门报告和告知消费者，并采取停止销售、警示、召回、无害化处理、销毁、停止生产或者服务等措施。采取召回措施的，经营者应当承担消费者因商品被召回支出的必要费用。

（4）提供真实信息的义务

第二十条　经营者向消费者提供有关商品或者服务的质量、性能、用途、有效期限等信息，应当真实、全面，不得作虚假或者引人误解的宣传。

经营者对消费者就其提供的商品或者服务的质量和使用方法等问题提出的询问，应当作出真实、明确的答复。

经营者提供商品或者服务应当明码标价。

（5）标明真实名称和标记的义务

第二十一条　经营者应当标明其真实名称和标记。

租赁他人柜台或者场地的经营者，应当标明其真实名称和标记。

（6）出具凭证或单据的义务

第二十二条　经营者提供商品或者服务，应当按照国家有关规定或者商业惯例向消费者出具发票等购货凭证或者服务单据；消费者索要发票等购货凭证或者服务单据的，经营者必须出具。

（7）保证质量的义务

第二十三条　经营者应当保证在正常使用商品或者接受服务的情况下其提供的商品或者服务应当具有的质量、性能、用途和有效期限；但消费者在购买该商品或者接受该服务前已经知道其存在瑕疵，且存在该瑕疵不违反法律强制性规定的除外。

经营者以广告、产品说明、实物样品或者其他方式表明商品或者服务的质量状况的，应当保证其提供的商品或者服务的实际质量与表明的质量状况相符。

经营者提供的机动车、计算机、电视机、电冰箱、空调器、洗衣机等耐用商品或者装饰装修等服务，消费者自接受商品或者服务之日起六个月内发现瑕疵，发生争议的，由经营者承担有关瑕疵的举证责任。

（8）履行“三包”或其他责任的义务

第二十四条　经营者提供的商品或者服务不符合质量要求的，消费者可以依照国家规定、当事人约定退货，或者要求经营者履行更换、修理等义务。没有国家规定和当事人约定的，消费者可以自收到商品之日起七日内退货；七日后符合法定解除合同条件的，消费者可以及时退货，不符合法定解除合同条件的，可以要求经营者履行更换、修理等义务。

依照前款规定进行退货、更换、修理的，经营者应当承担运输等必要费用。

第二十五条　经营者采用网络、电视、电话、邮购等方式销售商品，消费者有权自收到商品之日起七日内退货，且无需说明理由，但下列商品除外：

（一）消费者定作的；

（二）鲜活易腐的；

（三）在线下载或者消费者拆封的音像制品、计算机软件等数字化商品；

（四）交付的报纸、期刊。

除前款所列商品外，其他根据商品性质并经消费者在购买时确认不宜退货的商品，不适用无理由退货。

消费者退货的商品应当完好。经营者应当自收到退回商品之日起七日内返还消费者支付的商品价款。退回商品的运费由消费者承担；经营者和消费者另有约定的，按照约定。

（9）不得单方作出对消费者不利规定的义务

第二十六条　经营者在经营活动中使用格式条款的，应当以显著方式提请消费者注意商品或者服务的数量和质量、价款或者费用、履行期限和方式、安全注意事项和风险警示、售后服务、民事责任等与消费者有重大利害关系的内容，并按照消费者的要求予以说明。

经营者不得以格式条款、通知、声明、店堂告示等方式，作出排除或者限制消费者权利、减轻或者免除经营者责任、加重消费者责任等对消费者不公平、不合理的规定，不得利用格式条款并借助技术手段强制交易。

格式条款、通知、声明、店堂告示等含有前款所列内容的，其内容无效。

（10）不得侵犯消费者人格权的义务

第二十七条　经营者不得对消费者进行侮辱、诽谤，不得搜查消费者的身体及其携带的物品，不得侵犯消费者的人身自由。

第二十八条　采用网络、电视、电话、邮购等方式提供商品或者服务的经营者，以及提供证券、保险、银行等金融服务的经营者，应当向消费者提供经营地址、联系方式、商品或者服务的数量和质量、价款或者费用、履行期限和方式、安全注意事项和风险警示、售后服务、民事责任等信息。

第二十九条　经营者收集、使用消费者个人信息，应当遵循合法、正当、必要的原则，明示收集、使用信息的目的、方式和范围，并经消费者同意。经营者收集、使用消费者个人信息，应当公开其收集、使用规则，不得违反法律、法规的规定和双方的约定收集、使用信息。

经营者及其工作人员对收集的消费者个人信息必须严格保密，不得泄露、出售或者非法向他人提供。经营者应当采取技术措施和其他必要措施，确保信息安全，防止消费者个人信息泄露、丢失。在发生或者可能发生信息泄露、丢失的情况时，应当立即采取补救措施。

经营者未经消费者同意或者请求，或者消费者明确表示拒绝的，不得向其发送商业性信息。

（三）侵害消费者合法权益的责任承担

1. 销售者的先行赔付义务

《消费者权益保护法》第四十条第1款　消费者在购买、使用商品时，其合法权益受到损害的，可以向销售者要求赔偿。销售者赔偿后，属于生产者的责任或者属于向销售者提供商品的其他销售者的责任的，销售者有权向生产者或者其他销售者追偿。

2. 生产者与销售者的连带责任

《消费者权益保护法》第四十条第2款　消费者或者其他受害人因商品缺陷造成人身、财产损害的，可以向销售者要求赔偿，也可以向生产者要求赔偿。属于生产者责任的，销售者赔偿后，有权向生产者追偿。属于销售者责任的，生产者赔偿后，有权向销售者追偿。

3. 服务者的连带责任

《消费者权益保护法》第四十条第3款　消费者在接受服务时，其合法权益受到损害的，可以向服务者要求赔偿。

（四）违反消费者权益保护法的法律责任

我国《消费者权益保护法》第七章对侵害消费者合法权益的行为区分不同情况，规定经营者应分别或者同时承担民事责任、行政责任和刑事责任。

1. 侵犯消费者合法权益的民事责任

（1）一般规定

第四十八条　经营者提供商品或者服务有下列情形之一的，除本法另有规定外，应当依照其他有关法律、法规的规定，承担民事责任：

（一）商品或者服务存在缺陷的；

（二）不具备商品应当具备的使用性能而出售时未作说明的；

（三）不符合在商品或者其包装上注明采用的商品标准的；

（四）不符合商品说明、实物样品等方式表明的质量状况的；

（五）生产国家明令淘汰的商品或者销售失效、变质的商品的；

（六）销售的商品数量不足的；

（七）服务的内容和费用违反约定的；

（八）对消费者提出的修理、重作、更换、退货、补足商品数量、退还货款和服务费用或者赔偿损失的要求，故意拖延或者无理拒绝的；

（九）法律、法规规定的其他损害消费者权益的情形。

经营者对消费者未尽到安全保障义务，造成消费者损害的，应当承担侵权责任。

（2）特殊规定

①预收款方式提供商品或者服务的责任

第五十三条　经营者以预收款方式提供商品或者服务的，应当按照约定提供。未按照约定提供的，应当按照消费者的要求履行约定或者退回预付款；并应当承担预付款的利息、消费者必须支付的合理费用。

②退货的责任

第五十四条　依法经有关行政部门认定为不合格的商品，消费者要求退货的，经营者应当负责退货。

根据这一规定，一般商品，发现问题后应经过修理、更换，仍无法使用的再予以退货；对不合格商品，只要消费者要求退货，经营者应负责办理，不得以修理、更换或其他借口延迟或者拒绝消费者的退货要求。

（3）因提供商品或服务造成人身伤害、人格受损、财产损失的民事责任及赔偿范围

①人身伤害的民事责任

第四十九条　经营者提供商品或者服务，造成消费者或者其他受害人人身伤害的，应当赔偿医疗费、护理费、交通费等为治疗和康复支出的合理费用，以及因误工减少的收入。造成残疾的，还应当赔偿残疾生活辅助具费和残疾赔偿金。造成死亡的，还应当赔偿丧葬费和死亡赔偿金。

②侵犯消费者人格尊严、人身自由的民事责任

第五十条　经营者侵害消费者的人格尊严、侵犯消费者人身自由或者侵害消费者个人信息依法得到保护的权利的，应当停止侵害、恢复名誉、

消除影响、赔礼道歉，并赔偿损失。

第五十一条　经营者有侮辱诽谤、搜查身体、侵犯人身自由等侵害消费者或者其他受害人人身权益的行为，造成严重精神损害的，受害人可以要求精神损害赔偿。

③财产损害的民事责任

第五十二条　经营者提供商品或者服务，造成消费者财产损害的，应当依照法律规定或者当事人约定承担修理、重作、更换、退货、补足商品数量、退还货款和服务费用或者赔偿损失等民事责任。

（4）对欺诈行为的惩罚性规定

第五十五条　经营者提供商品或者服务有欺诈行为的，应当按照消费者的要求增加赔偿其受到的损失，增加赔偿的金额为消费者购买商品的价款或者接受服务的费用的三倍；增加赔偿的金额不足五百元的，为五百元。法律另有规定的，依照其规定。

经营者明知商品或者服务存在缺陷，仍然向消费者提供，造成消费者或者其他受害人死亡或者健康严重损害的，受害人有权要求经营者依照本法第四十九条、第五十一条等法律规定赔偿损失，并有权要求所受损失二倍以下的惩罚性赔偿。

2. 侵犯消费者合法权益的民事责任以外的其他责任

第五十六条　经营者有下列情形之一，除承担相应的民事责任外，其他有关法律、法规对处罚机关和处罚方式有规定的，依照法律、法规的规定执行；法律、法规未作规定的，由工商行政管理部门或者其他有关行政部门责令改正，可以根据情节单处或者并处警告、没收违法所得、处以违法所得一倍以上十倍以下的罚款，没有违法所得的，处以五十万元以下的罚款；情节严重的，责令停业整顿、吊销营业执照：

（一）提供的商品或者服务不符合保障人身、财产安全要求的；

（二）在商品中掺杂、掺假，以假充真，以次充好，或者以不合格商品冒充合格商品的；

（三）生产国家明令淘汰的商品或者销售失效、变质的商品的；

（四）伪造商品的产地，伪造或者冒用他人的厂名、厂址，篡改生产日期，伪造或者冒用认证标志等质量标志的；

（五）销售的商品应当检验、检疫而未检验、检疫或者伪造检验、检疫结果的；

（六）对商品或者服务作虚假或者引人误解的宣传的；

（七）拒绝或者拖延有关行政部门责令对缺陷商品或者服务采取停止销售、警示、召回、无害化处理、销毁、停止生产或者服务等措施的；

（八）对消费者提出的修理、重作、更换、退货、补足商品数量、退还货款和服务费用或者赔偿损失的要求，故意拖延或者无理拒绝的；

（九）侵害消费者人格尊严、侵犯消费者人身自由或者侵害消费者个人信息依法得到保护的权利的；

（十）法律、法规规定的对损害消费者权益应当予以处罚的其他情形。

经营者有前款规定情形的，除依照法律、法规规定予以处罚外，处罚机关应当记入信用档案，向社会公布。

第五十七条　经营者违反本法规定提供商品或者服务，侵害消费者合法权益，构成犯罪的，依法追究刑事责任。

第五十八条　经营者违反本法规定，应当承担民事赔偿责任和缴纳罚款、罚金，其财产不足以同时支付的，先承担民事赔偿责任。

第五十九条　经营者对行政处罚决定不服的，可以依法申请行政复议或者提起行政诉讼。

第六十条　以暴力、威胁等方法阻碍有关行政部门工作人员依法执行职务的，依法追究刑事责任；拒绝、阻碍有关行政部门工作人员依法执行职务，未使用暴力、威胁方法的，由公安机关依照《中华人民共和国治安管理处罚法》的规定处罚。

第六十一条　国家机关工作人员玩忽职守或者包庇经营者侵害消费者合法权益的行为的，由其所在单位或者上级机关给予行政处分；情节严重，构成犯罪的，依法追究刑事责任。

三、企业与环境责任

（一）企业社会责任原则与环境保护

所谓“环境”与我们日常生活息息相关，常常有生活环境、工作环境、学习环境等用法，而法律上的“环境”由我国《环境保护法》第二条所规定：本法所称环境，是指影响人类生存和发展的各种天然的和经过人工改造的自然因素的总体，包括大气、水、海洋、土地、矿藏、森林、草原、湿地、野生生物、自然遗迹、人文遗迹、自然保护区、风景名胜区、城市和乡村等。也就是与人类的生存发展相关的环境才是被法律所关注的，有学者将环境概念所包含的特征总结如下：第一，环境通常是需要用广大来形容的作为整体的自然对象；第二，除了国家、省等政治单元外，环境的空间界限是由大自然规定的。[①] 也就是说除了我们日常呼吸的空气、饮用的水资源、生产发展所需的矿产资源这些具体的自然对象，还需要一定的区域进行界定才能成为法律上的环境。对于环境保护的关注，传统环境法理论基于侵权责任理论，更加注重对于环境污染的赔偿，而随着我国生态文明建设目标的提出，对于破坏生态的行为也被纳入了环境保护法的视野之中。于是，立足于民法保护私权益的传统侵权责任难以肩负起恢复生态平衡的重责，因此有学者基于此提出了建立生态恢复论之下的专门环境侵权责任[②]，也就是在传统民法保护私益的基础上，考虑更多的公益的因素，增加环境破坏者的责任。因此，对于环境的保护方式，不仅是对于受害方的赔偿，还涉及整个生态环境的恢复问题，从而需要一套特殊的环境权保护机制。

于是，环境保护的问题就从传统的对于环境污染的治理，转变为了对整体生态文明的建设。所谓生态文明的概念，就是用来指代工业文明之后的一种新的文明形态，它所体现的是一种物质文明和精神文明上的进步状态。[③] 而企业作为工业文明中最为重要的生产组织形式，在资源的使用和对于环境的污染来说都是远超于传统手工生产方式。人具有社会性，需要以自然环境为劳动对象创造物质财富，在这个意义上，自然资源以及为开发利用自然资源而形成的各种组织形式对于人的发展不可或缺。[④] 所以可以看出企业的产生对于环境的影响是非常大的，甚至某些行为对于环境的危害

① 徐祥民. 论维护环境利益的法律机制 [J]. 法制与社会发展，2020（02）：75.

② 吕忠梅，窦海阳. 以“生态恢复论”重构环境侵权救济体系 [J]. 中国社会科学，2020（02）：133-139.

③ 王灿发. 论生态文明建设法律保障体系的构建 [J]. 中国法学，2014（03）：35.

④ 吕忠梅，窦海阳. 以“生态恢复论”重构环境侵权救济体系 [J]. 中国社会科学，2020（02）：136.

来说是不可逆的。我国也经历了这样的发展过程，如今无论是在工业产值、还是人民生活水平方面都有了很大的发展，对于生态环境的关注也逐步成为社会发展的重点。于是，对于环境保护这一议题来说，除了从环境本身出发之外，还需要加强对于生产企业的行为进行规制，法律上最有效的方式就是规定企业的环境义务，由此就为企业社会责任原则进入环境保护领域就有了理论依据。首先，对于环境的保护不再限制于对于受害者的赔偿，而拓展到恢复生态环境原本的样态；其次，对于私益和公益的保护使得环境责任需要突破传统侵权责任的界限，更多从整体的社会利益进行考量。而企业社会责任原则作为商法的基本原则之一，对于指导企业在环境保护中主动承担责任、构建生态文明发展模式有着积极的作用。

（二）《环境保护法》

总结来看，我国《环境保护法》主要从环境生态保护、政府部门监管以及企业单位责任三个方面对改善环境和防止污染进行规定，并且其中重点强调对于生态环境的保护模式和政府部门的监管职责，对于企业的责任规定不多，着重于相应义务的规定，具体有保护环境的义务、较少排污的义务、使用清洁能源并提高使用率的义务，并通过排污费、排污许可以及社会诚信档案制度建立了一套敦促企业履行相应环境社会责任的制度。

对于《环境保护法》第五条——法律原则来说，企业社会责任原则作为商法的基本原则，并不能与环境保护法原则相完全匹配，但是作为环境保护的主要义务承担者，企业在环境保护中的重要作用也使得企业社会责任原则与“保护优先、预防为主、损害担责”的原则有着诸多关联之处。首先，有学者将前两个原则总结为，“预防为主”原则针对可在科学上确定的环境损害、以“保护优先”原则针对暂时无法在科学上确定的环境风险，因此，该条的“保护优先”原则的学理表述应为风险防范原则。[①] 保护优先原则和预防为主原则都体现了对于环境的保护应当提前介入的主导思想，这一点对于企业摆脱传统的“先污染再治理”的模式尤为重要，因为对于不可再生资源的利用是一次性的，许多环境的污染导致的是生态不可逆的被破坏，因此明确保护优先、预防为主原则对于企业的经营发展来说至关重要，是

① 竺效. 论中国环境法基本原则的立法发展与再发展 [J]. 华东政法大学学报，2014（03）：12.

企业在运营中贯彻《民法典》中绿色原则的表现，也是企业承担社会责任的重要方面。再者，对于损害担责原则，指对环境造成任何不利影响的行为人，包括因利用环境造成环境超出其自身自然恢复能力之退化的行为人，应承担恢复环境、修复生态或支付上述费用的法定义务或法律责任的原则。[①]对于这一原则，与传统侵权责任中的损害赔偿不同，环境损害侵权行为常常也伴随着对于"公益"的侵害，被视作是一种特殊的"公益"诉讼[②]，而环境法中的损害担责原则更加强调的是对于生态环境的修复，不仅仅限于对被侵权方损失的赔偿。因此在这一点上与企业社会责任原则要求企业从整体的角度考虑环境的因素相类似，都是从生态环境这个整体的视角来判定污染企业应当承担的损害赔偿责任。

（三）《固体废物污染环境防治法》

《固体废物污染环境防治法》从污染物回收利用以及处理的角度对环境保护问题进行了规定，类似的法律还有《环境噪声污染防治法》《海洋环境保护法》《环境影响评价法》和《环境保护税法》，这些法律从不同的角度对环境保护的问题进行了规定，其共同特点是不仅规定了政府部门在环境保护中的监管职责，也从企业承担保护环境义务的角度对于企业生产经营中可能破坏生态环境的行为进行规定。而这些企业义务的规定正是保证企业履行社会责任的体现，《固体废物污染环境防治法》中对于固体污染物回收、处理的义务，对于建筑垃圾、电器电子垃圾以及一次性制品的回收利用规定，都是企业承担环境社会责任的重要表现。

四、律师承办企业相关社会责任业务操作指引

（一）律师承办劳动争议案件操作指引

1. 提供诉前法律咨询

第一，律师提供诉前法律咨询时，应当尽量全面了解案情，并建议要求当事人提供相关书面材料，需要单独收取咨询费用的，建议提前告知收

① 竺效．论中国环境法基本原则的立法发展与再发展 [J]．华东政法大学学报，2014（03）：16.

② 何燕，李爱年．生态环境损害担责之民事责任认定 [J]．河北法学，2019（01）：175-176.

费标准并办理委托手续。

第二，律师提供诉前法律咨询时，所发表的意见应当尽量客观，对可能出现的仲裁或诉讼风险应当进行提示，不得故意隐瞒或者作出不实承诺。

第三，律师提供诉前法律咨询时，如果涉及群体性劳动争议的，应当慎重对待，正确引导，避免出现激化矛盾的言行。同时，建议每案均对咨询过程及接案过程制作谈话笔录。

第四，律师提供诉前法律咨询时，可以结合当事人的诉求，从以下方面了解相关案件情况：劳动者诉求是否属于劳动争议；劳动者主体是否属于符合提起劳动争议；用人单位的概况（包括但不限于性质、所处地域、规模、员工人数、所属行业等）；用工性质；劳动合同签订情况；薪酬福利制度以及工资发放情况；工时休假制度以及休息休假情况；加班制度以及加班工资的发放情况；社会保险费缴纳和住房公积金缴存情况；劳动保护的有关情况；商业秘密保护以及竞业限制的情况；专项培训以及服务期的情况；劳动合同解除、终止以及经济补偿、赔偿金的支付情况；向有关部门反映、投诉、申诉等情况；是否存在工伤以及工伤发生、认定、伤残鉴定、赔偿等情况；用人单位的生产经营情况，特别是有否偿还能力，是否濒临破产等情况；其他与当事人诉求有关的情况。

第五，律师提供诉前法律咨询时，应当关注涉及仲裁时效或者诉讼时效的相关事实和规定，对超过或者可能超过时效的案件，应当告知当事人相应的法律后果，并可建议当事人通过仲裁或者诉讼以外的其他合法途径解决。

2. 接受案件委托时的注意事项

委托人是否符合《劳动合同法》及《劳动合同法实施条例》等法律、法规规定的主体资格；委托事项是否属于《劳动争议调解仲裁法》《最高人民法院关于审理劳动争议案件适用法律问题的解释（一）》（法释〔2020〕26号）等相关法律、司法解释所规定的劳动争议案件的受理范围；委托人的各项仲裁请求是否超过《劳动争议调解仲裁法》等法律、法规规定的仲裁时效；委托人是否能够提供支持其仲裁请求以及证明其陈述事实的证据；委托人劳动争议案件的管辖级别和管辖范围；委托人是否需要采取财产保全、行为保全等保全措施；涉及特别授权的，建议在委托代理合同以及授权委托书中明确约定具体的权限范围和期限；在中华人民共和国领域内没有住所的外国人、无国籍人、外国企业和组织委托中华人民共和国律师或者其他人代理诉讼，从中华人民共和国领域外寄交或者托交的授权委托书，应当经所在国公证机关证明，并经中华人民共和国驻该国使领馆认证，或者履行中华人民共和国与该所在国订立的有关条约中规定的证明手续后，才具有效力；其他需要关注的事项。

3. 仲裁前调查取证

律师调查取证时，除了当事人的陈述、书证、物证、视听资料、证人证言、鉴定意见、勘验笔录外，还应当注意电子数据作为证据的重要性。律师对委托人提供的手机短信、电子邮件、微博、微信、即时通信软件中的聊天记录等电子数据证据，应当尽量帮助其收集完整并妥善保存载体原件，必要时可以公证、第三方存证等方式进行固定。

律师调查取证时，建议尽可能搜集直接证据和原始凭证，如缺乏直接证据或原始凭证，建议参考高度盖然性标准尽可能搜集能够形成完整证据链的间接证据。

如非必要，建议律师不要保管委托人的证据原件。律师可以要求委托人提供证据复印件，并核对原件，核对原件后应当立即交还委托人妥善保管。特殊情况下，律师如果向委托人收取原件，应当制作证据或证物清单并向委托人签收，使用完毕后应当立即交还委托人，并取回向委托人签收的证据或证物清单原件，无法取回的，应当重新制作证据或证物清单并由委托人签收。

律师在调查取证时，不得采用非法手段，不得侵害公民个人信息、侵害他人隐私。

律师对涉及国家秘密、商业秘密和个人隐私的证据应当保密。

对于可能因证据灭失等情形而影响案件审理，或委托人及其代理人无法自行搜集案件相关证据的，律师应当及时依法向裁审机关申请调查取证。

律师代理劳动争议仲裁案件时，委托人是用人单位的，应当告知委托人该案根据法律规定是否属于一裁终局案件，如果属于一裁终局案件，应当告知委托人一裁终局案件的法律规定以及对委托人的影响。

4. 仲裁

（1）立案

①律师代理劳动争议仲裁案件的，应当在法定仲裁时效内提交仲裁申请，对于可能超过仲裁时效的，应当向委托人事先进行风险提示。

②律师代为起草仲裁申请书后，应当交由委托人签章后再递交仲裁委立案，律师不应代替委托人签署申请书、起诉状等法律文书，授权委托书必须由委托人亲自签署。

③仲裁委收到仲裁申请之日起五日内，认为符合受理条件的，应当受理，并通知申请人；认为不符合受理条件的，应当书面通知申请人不予受理，并说明理由。仲裁委不予受理或者逾期未作出决定的，律师可代理申请人就该劳动争议事项向人民法院提起诉讼。

（2）举证

①律师代理劳动争议仲裁案件，应当全面搜集与该案有关、对委托人有利的证据材料，并列好证据清单，注明证据要证明的内容，在举证期限内向仲裁委员会提交。确有客观原因不能在举证期限内完成举证的，应当在举证期限内书面向仲裁委员会提出延期举证申请。

②根据《最高人民法院关于审理劳动争议案件适用法律问题的解释（一）》（法释〔2020〕26号）等相关规定，在劳动争议案件中，以下情形一般由用人单位承担举证责任：因用人单位作出的开除、除名、辞退、解除劳动合同、减少劳动报酬、计算劳动者工作年限等决定而发生的劳动争议；与争议事项有关的证据属于用人单位掌握管理的；劳动者有证据证明用人单位掌握加班事实存在的证据；因工资支付发生争议的；与未签订书面劳动合同、劳动者主张二倍工资有关的争议，由用人单位举证证明签订、补签、续签合同（包括无固定期限劳动合同），或者举证证明因劳动者原因未签订、续签劳动合同等事实；用人单位主张的入职时间与劳动者主张的入职时间不一致的；用人单位主张劳动者已休全部或部分年休假，或者因劳动者本人原因不休年休假的；用人单位主张实行不定时工作制或综合计算工时工作制的；用人单位主张劳动者不符合高温津贴发放条件或者已经向劳动者发放高温津贴的；用人单位应当承担举证责任的其他情形。

③律师在代理用人单位办理劳动争议案件时，对于将用人单位所属员

工所陈述的对用人单位有利的证言作为主要证据使用的，应客观看待其效力，并提示用人单位注意该类证人证言有可能不被仲裁机构或法院采纳，且可能因此导致其主张得不到仲裁机构或法院支持。

5. 庭审

律师在庭审质证时，应当结合证据是否超过举证期限及证据的真实性、合法性、关联性发表意见，律师应注意：即使认为对方所举证据超过举证期限，仍应对证据发表意见并声明不视为同意质证，因为超过举证期限的证据是否有证明力原则上由裁判机关而非律师决定。

根据具体案件事实情况，律师应就对方证据的真实性、合法性、关联性发表质证意见。

就真实性而言，律师应当仔细核对对方当事人提供的证据原件；涉及电子证据的，应当检查电子证据的原始载体。

对服务器在境外的电子邮件，可以要求对方当事人办理境外公证认证手续。对方当事人通过非法代理访问境外服务器出示电子邮件的，律师应当指出其使用非法代理访问境外服务器的违法性。

对对方当事人提供的公证文件，律师需加以甄别，并注意公证文件是否仅是对固定过程进行固定，是否有对被固定文件、信息的真实性发表意见。涉及境外公证认证的，应审查是否明确对文件的真实性进行了公证认证。中国境内的公证机构对电子邮件进行公证的，应审查是否是对原始电子邮件的公证。

6. 一审和二审

第一，律师办理劳动争议一审案件，应当重新编制证据清单，在规定的举证期限内提交证据。在仲裁阶段未提交的对委托人有利的证据，无论是否属于新证据，建议均可在一审阶段重新提交。如果不属于新证据，建议向委托人提示，证据是否被采纳存在不确定性的法律风险。

第二，若律师认为原审法院的事实认定清楚、法律适用正确且程序合法等，在向委托人充分解释说明之后，委托人依然坚持提起二审诉讼的，律师应当慎重考虑是否接受委托人的委托承办二审诉讼业务。

第三，二审判决后，律师应将判决书及时送达给委托人并就判决书所确定的义务的履行方法等向委托人进行说明，同时注重与委托人沟通、解释，努力做好委托人的服判工作，以维护法律的尊严。

7. 调解和执行

（1）调解

①律师代理委托人参与调解的，应当要求委托人签署授权书，注明委托事项、受托权限等，对最终达成的调解方案，建议由委托人本人签署。委托人授权律师代为签署的，律师应当要求委托人签署特别授权书，建议在代为签署前要求委托人对最终达成的调解方案进行书面确认。

②律师接受委托后申请劳动争议调解的，应当提交书面申请，并于调解申请书中说明申请人基本情况、申请调解的争议事项、理由和时间等。

③经调解达成协议的，应当要求调解组织制作调解协议书。调解协议书由双方当事人签名或者盖章，经调解员签名并加盖调解组织印章后生效，对双方当事人具有约束力，当事人应当履行。

④达成调解协议后，一方当事人在协议约定期限内不履行调解协议的，律师应及时或告知当事人依法申请仲裁。

因支付拖欠劳动报酬、工伤医疗费、经济补偿或者赔偿金事项达成调解协议，用人单位在协议约定期限内不履行的，律师应告知当事人可以持调解协议书依法向人民法院申请支付令，同时告知支付令的法律后果。

⑤自劳动争议调解组织收到调解申请之日起十五日内未达成调解协议的，律师应告知委托人可以直接依法申请仲裁，或接受委托后代为办理仲裁申请手续。

（2）执行

①劳动争议案件作出生效裁判后，义务人未依法履行裁判的，律师可以接受权利人的委托，代为申请强制执行，并积极向执行机构提供被执行人的财产线索，或配合其开展调查、执行工作。

②律师应当注意，劳动人事争议仲裁委员会在其仲裁裁决做出前裁决用人单位预先支付劳动者工资、医疗费的，用人单位不得就该部分裁决向人民法院提出诉讼。若用人单位拒不执行该裁决的，劳动者可以向人民法院申请执行。

8. 结案后的工作

律师完成当事人的委托事务后应当及时按规定完成归档工作。

根据《中华全国律师协会关于律师办理群体性案件指导意见》的规定，律师承办的群体性案件结案后，应向律师事务所出具结案报告，由律师事务所及时将情况报告所属律师协会。

（二）企业社会责任案例分析

1. 兰州铁路局与刘某阁追索劳动报酬纠纷上诉案[①]

在本案中劳动者刘某阁于1975年12月被招工到兰州铁路局某车辆段工作，2015年8月21日刘某阁达到法定退休年龄，在办理退休手续过程中因认为退休工资低于他人而拒绝签字，兰州铁路局与其沟通未果后于2015年12月起通知停发了其内退工资，正式办理退休手续的时间却是2016年7月，8月才开始领取养老金，劳动者诉请法院裁决兰州铁路局发放从2015年12月至2016年7月的工资以及其他补贴费用。本案的争议焦点在于因劳动者拒绝签署退休手续到退休手续办理完成期间，其劳动合同是否有效。针对这一焦点，一审法院引用了“社会责任”论证如下：“根据《劳动合同法》的规定，劳动合同终止的情形包括‘劳动者开始依法享受基本养老保险待遇’这种情形而不包括‘劳动者到龄退休’这种情形，说明从国家法律的层面，更侧重于保障劳动者从企业领取工资到从社保领取养老金的平稳对接，刘某阁虽因未及时配合办理退休手续而未及时领取养老金，但该部分的责任属于用人单位的社会责任，由劳动者或社会保险基金承担都不恰当。”

一审法院借助对《劳动合同法》第四十四条第2款立法目的的解释，对本案中劳动者与用人单位在特殊期间的劳动关系是否继续存在进行了判断，并主动援引企业社会责任原则，将有关劳动合同终止的内容运用于本案的空档期间，将法律的保护范围向劳动者这一弱势方进行了有效倾斜，保护了劳动者权益，实现了企业社会责任原则的价值。但是其中稍有不足的地方在于，此处法官并没有将企业社会责任视作为一项法律原则，即便有关“社会责任”的内容只是在论述时有所提及。笔者认为本案是企业社会责任原则发挥对于规则指导作用较为典型的案例，对于法律规则的目的解释和适用都发挥了积极作用。

---

① 参见（2017）甘01民终837号判决书。

2. 张某琴等与国网陕西省电力公司某供电公司生命权纠纷上诉案

2015 年，孙某全、唐某平在未经相关部门审批的情况下私自在自家原有两层的自建房上加盖第三、第四层房屋，本案死者张某恩在劳务市场临时受雇于被告孙某全、唐某平为其加盖房屋。2015 年 6 月 18 日，国网某供电公司运维检修部发现被告孙某全、唐某平加盖房屋的第四层晒台距其管理的 10 千伏青龙线百纺支线接近，垂直无安全距离，便告知二人其加盖的房屋存在电力设施安全隐患，会对建房人造成人身伤害事故，要求其立即停止违法建筑，并让被告孙某全、唐某平签署了《电力设施隐患通知书》，但此后孙某全、唐某平仍然继续施工。2015 年 7 月 1 日上午，张某恩在孙某全、唐某平工地的晒台触电，后经汉中市中心医院抢救无效死亡。本案就供电公司是否应当承担侵权损害赔偿责任成为争议的焦点，供电公司辩称自己发现了安全隐患，已经尽到了危险告知义务，由于其不是政府部门，所以不能采取强制手段制止违法行为。

但一审法院从《侵权责任法》的高度危险责任的角度认为本案供电公司应当适用无过错责任，虽然尽到了告知义务，但是并未进一步采取作为的措施来实际阻止违法建设行为并及时对已丧失安全距离的高压线进行警示、防护处理，未能消除人员触电的现实危险，从而导致张某恩在 10 千伏青龙线百纺支线高压裸线附近触电身亡。一审法院从企业社会责任的角度进一步论证，本案中事发地电网建设于 20 世纪 80 年代，虽然符合当时的设施安全标准，但随着程市经济的发展，周边已经发展为城区人口密集区，对于这一高度危险的情形一旦发生事故后果将及其严重，供电公司作为服务提供者和管理者应当确保危险的排除，因此具有更高的安全责任义务。最后法官认为，退一步来讲，即使被告国网某供电公司对于线路建设无法估计到今后的地理变化，但如果该公司能有一套完备的线路改造机制，能随着城市扩张而及时改造旧标准的线路，适应经济社会的发展，尽到企业的社会责任，那么此次悲剧或许可以避免，毕竟生命无法用成本来衡量。可以看来在本案中虽然最后适用的是《侵权责任法》中有关高度危险责任的规则，但企业社会责任作为原则对于法律规则目的的阐释，对于案件中企业行为的分析都起到了指导性的作用，这对于有效保护利益相关者，明确企业的法律规则的适用范围和方式都有意义。

综上所述，本章就劳工保护、消费者保护以及环境保护三个领域，将企业社会责任原则在具体部门法中的指导作用进行了分析，足见企业社会责任原则的理念贯穿在这些部门法中，无论是对于立法宗旨的探讨，还是对于具体的法律规则条款的解释，都能从企业与社会的关系提供理论依据。对于律师承办企业相关社会责任业务操作指引中强调了劳动争议案例的操作指引，并列举实例案件分析，为企业的社会责任法律实务操作提供了指南。

虽然本章只列举了《劳动合同法》《消费者权益保护法》《环境保护法》以及《固体废物污染环境防治法》进行条文分析，但这些只是其中具有代表性部门法，还有诸如《劳动法》《食品安全法》《质量安全法》《环境噪声污染防治法》《海洋环境保护法》等一系列法律中有关企业社会责任的规定，都可以将企业社会责任原则中限制企业营利性原则的理念运用其中，用于平衡企业营利性这一价值观，以防止企业在赚取利润单一目的之下忽视了与企业发展密切相关的利益相关者——劳工、消费者、环境以及社区。

可以看到，在我国法律体系中，除了有公司法《合伙企业法》等有关企业组织架构的部门法，它们保证了企业的运营和营利，也有《劳动合同法》《消费者权益保护法》《环境保护法》等从与企业密切相关的利益相关者保护出发的社会性法律，对企业应当承当的社会责任进行规则化处理，将其明确规定为企业的法律义务，这可以看作是企业社会责任法律化的重要标志。

第九章　企业民商事仲裁法律实务

仲裁作为解决民商事纠纷的一种方式，已被世界各国广泛使用，并进行了立法。仲裁作为民间公断争议的一种手段，虽然在我国有着悠久的历史，且被广泛应用，但它作为一项法律制度在我国确立的时间则比其他一些国家晚。[①]新中国成立后，我国的仲裁制度主要有三种，即国内经济合同仲裁、劳动争议仲裁和涉外仲裁。这三种仲裁制度各有其不平凡的发展历程。为保证公正、及时地仲裁经济纠纷，保护当事人的合法权益，保障社会主义市场经济健康发展，1994 年 8 月 31 日第八届全国人民代表大会常务委员会第九次会议通过并于 1995 年 9 月 1 日起施行的《仲裁法》，标志着我国仲裁制度进入到新的历史阶段，树起了现代仲裁理念的旗帜。根据 2009 年 8 月 27 日第十一届全国人民代表大会常务委员会第十次会议《关于修改部分法律的决定》第一次修正　根据 2017 年 9 月 1 日第十二届全国人民代表大会常务委员会第二十九次会议《关于修改〈中华人民共和国法官法〉等八部法律的决定》第二次修正。

党的十八届四中全会作出的《中共中央关于全面推进依法治国若干重大问题的决定》明确提出，要健全社会矛盾纠纷预防化解机制，完善调解、仲裁、行政裁决、行政复议、诉讼等有机衔接、相互协调的多元化纠纷解决机制，强调要完善仲裁制度，提高仲裁公信力。仲裁作为民商纠纷的朝阳行业，必须从源头上解决制约其发展的一些瓶颈问题，加强立法，完善制度，规范运行，促使其更好地为经济社会发展服务，为社会稳定保驾护航。

本章结合我国《仲裁法》，阐述我国民商事仲裁制度、民商事仲裁组织机构及仲裁规则、仲裁程序、涉外仲裁的特别规定，并结合实际，形成

① 谭兵主编. 中国仲裁制度研究 [M]. 北京：法律出版社，1995：2.

律师承办企业商事诉讼业务操作指引，以期能为企业民商事仲裁有所助益。

一、民商事仲裁制度概述

民商事仲裁制度作为一种排斥国家司法权力过分强行介入的民间纠纷解决方式，之所以为人类社会普遍认同，其根本原因就在于，民商事仲裁制度凸显了政治国家对市民社会某种程度的妥协，而此种妥协正是现代法治社会理想模式的表征之一。

（一）仲裁制度的性质

仲裁是根据争议双方当事人的协议，将争议事项提交第三者居中裁决解决争端的方式，因而仲裁协议是仲裁制度得以实际运作的前提，认识仲裁制度的本质，不能不首先分析仲裁协议的性质。仲裁协议是当事人双方同意将他们之间已经发生或可能发生的争议提交仲裁解决的书面文书。仲裁协议包含三层法律含义：第一，约束双方当事人只能将争议提交仲裁解决，必须遵守仲裁程序，执行仲裁裁决；第二，排除法院的司法管辖权；第三，仲裁机关必须遵守仲裁协议规定的仲裁程序。仲裁协议的法律涵义折射出仲裁协议的实质——当事人双方依据自己的独立意志，行使自己的处分权，自愿让渡一部分权利给第三人形成仲裁权，并承诺服从此种仲裁权且排斥国家干预的一种合意，即仲裁协议为一种特殊的契约，因此仲裁协议同样具备契约的特征："平等协商"与"一致同意"。契约的基本原理在于"契约自由"，其表示由私人个人的意思来决定自己的行为与他人协调，以此来实现个人的经济利益，市场经济理论认为，如果每个人各自单独地以个人营利的目的进行活动，同时便会自动导致公共福利最大限度地增进。整个人类现代社会的经济运作都是以契约为基础，而不是以国家的支配为基础，此正是"私法自治"的真谛。因此仲裁制度就是私法自治的纠纷解决机制，即当事人摒弃对国家司法权力的依赖，订立契约建立一套纯粹民间化的制度来自主解决纠纷。

仲裁机构亦反映出仲裁的私法自治性质。其一，由双方当事人根据仲裁协议构建或指定，其行使仲裁权必须以双方当事人自愿为前提；其二，只能就当事人授权范围内的事项进行裁断；其三，与双方当事人之间的关系不是指导与被指导和决定与服从的关系，而主要是一种配合与协调关系。因此仲裁机构仅仅具有民间性，不具有任何国家机关的性质，围绕仲裁机构开展的仲裁活动必然仅仅是一种私法领域（市民社会）内的活动。

民商事仲裁制度的核心问题是仲裁权问题，其关键又在于对仲裁权性质的诠释。关于仲裁权性质的学说纷纭，概而言之大体有四种理论：司法权理论、契约授权理论、司法权与契约授权混合理论、自治理论。笔者认为仲裁权应当具有契约授权与私法自治的属性。首先，从仲裁权产生的基础来看，仲裁权产生于双方当事人的合意，即契约授权，而契约授权体现出来的更多是民间性与自治性，故而仲裁权所表现出来的必然是契约授权性与私法自治性。其次，从仲裁权的功能上来看，设置仲裁权的目的在于解决民事争议，化解民事冲突，仲裁之所以具备这样的功能，其根本原因就在于争议主体对仲裁权的膜拜与信任。显然，基于争议主体的膜拜与信任而设置的仲裁权的运作动源就是建立在这种膜拜与信任基础之上的公信力，这种公信力并没有烙上国家意志的印记，因而其体现出来的仍然是民间性。最后，从仲裁权的运作过程来看，在大多数国家里，对仲裁员的选择，仲裁地点的择定，甚至于仲裁运用的法律等都由当事人决定，而仲裁权运作的结果———仲裁裁决——亦多数会由当事人自觉执行，这些都说明了仲裁权的民间性。因此，仲裁权是以社会公信力为后盾的一种契约授权，直接表现为民间性与自治性，仲裁权的此种性质显现出仲裁制度的性质——私法自治性。

（二）民商事仲裁制度的演变

1. 国外民商事仲裁制度的演变

民商事仲裁渊源于原始社会氏族部落首长对内部纠纷的居中公断，其作为一项制度最早为政治国家所接纳是在古希腊、古罗马时代。在雅典，人们经常任用私人仲裁员，根据公开原则解决争议。古罗马的《十二铜表法》中亦有关于仲裁的规定。在此后数百年的漫长历史中，政治国家将民商事仲裁制度视为完全是私人领域内的事项，法律无意过问，法院亦不加干涉，民商事仲裁制度处于一种绝对的自治状态。直至中世纪末期，地中海岸的意大利城市国家排斥国家干预的民商事仲裁制度发达依旧。然而进入中央集权的君主专制时代后，政治国家的权力开始渗入社会生活的各个层面，民商事仲裁制度亦难以幸免，国家的立法机关对仲裁心存偏见，认为仲裁的发展将削弱和和剥夺国家的司法权，因而对仲裁采取不友好甚至是敌视的态度。如英国发展了所谓“法院管辖权不容剥夺”原则，对一切仲裁裁决法院均有权重新予以审查，当事人的仲裁协议对法院几无拘束，民商事仲裁的地位岌岌可危。资产阶级夺取政权后，国家对民商事仲裁的控制开始放松，但直至20世纪70年代末，国家对民商事仲裁的干预才明显地削弱，如英国1979年修改仲裁法，废除了法院有权主动撤销仲裁协议，有权命令仲裁员将法律问题与裁决向其报告的做法，并允许当事人协议预先排除法院对仲裁裁决的实体问题进行司法复审，从而大大放宽了对仲裁的司法管制。1996年英国再次修改仲裁法，更加尊重当事人订立仲裁的意愿，给予其更多的自由选择权，赋予仲裁员更大的权力，相应大大减少法院的撤销审查权。1986年联合国《国际商事仲裁示范法》第五条中明确规定：由本法管辖的事情，任何法院均不得干预，除非本法另有规定。从上述历史可以看出西方国家民商事仲裁制度的发展轨迹是：政治国家完全不干预—过度干预—有限干预。

2. 我国民商事仲裁制度的演变

中国国内民商事仲裁制度的演变与西方国家迥异，从一开始仲裁制度就受到了国家权力强大的干预。从新中国成立后到20世纪60年代，是为“只裁不审”阶段，各种经济合同纠纷不归人民法院管辖，而由经委仲裁主管，各级经委为国家行政机关，仲裁仅仅限制了司法机关的干预，却肯定了行政机关的包办。从20世纪70年代末到80年代，是为“两裁两审”阶段，各种经济合同纠纷经过两级国家行政机关（经委、工商局等）仲裁后，当事人一方不服仲裁裁决的，仍可向法院起诉，法院实行两审终审，这样国家司法权力亦参与对仲裁的干预，并且权力行使的效力较行政机关更强。20世纪80年代为“又裁又审”阶段，仲裁不再是诉讼的必经程序，当事人既可将纠纷提交各级国家工商局所设的经济合同仲裁委员会进行仲裁，亦可直接向法院起诉，对仲裁裁决不服的，还可再向法院起诉，此阶段主要还是扩大行政权力的干预。进入20世纪90年代后，实行“或裁或审”制度，经济合同纠纷通过仲裁或诉讼程序解决。1995年《中华人民共和国仲裁法》颁布，仲裁机关脱离行政机关成为民间组织，至此，经过仲裁的民商事纠纷，法院一般不得再行介入，保证了仲裁的私法自治性。

目前，我国仲裁制度的发展呈现出以下几个特点。

（1）地域经济水平决定了仲裁制度的发展前景

对于我国这样一个国土面积辽阔的国家来说，区域经济发展不平衡是一个无法克服的问题。这在任何一个大国包括经济发达国家都存在类似现象。仲裁制度在大城市、经济发达的中等城市发展的较好，具有广阔的发展前景。

（2）仲裁机构具有"官方"色彩，不同程度上欠缺"民间性"的要素

根据国务院批准发布《重新组建仲裁机构方案》有关规定，仲裁机构成立之初参照有关事业单位组建。发展了二十多年，形成参公事业单位、全额拨款事业单位、差额拨款事业单位、自收自支事业单位四种模式，一般为市政府直属事业单位或市政府法制办下属的事业单位。仲裁机构的主要负责人为所在地市政府的中层干部，直辖市或副省级市的一般为厅级干部，地级市的一般为县级干部，人事任免权在所在地的市委组织部。

（3）在仲裁机构的建设上缺乏规范性统一标准

《仲裁法》中规定，组建中国仲裁协会，作为仲裁机构的自律组织，监督仲裁委员会及其组成人员、仲裁员的违纪情况，并由中国仲裁协会根据仲裁法和民事诉讼法的有关规定制定仲裁规则。时至今日，《仲裁法》已经颁布二十余年，中国仲裁协会的成立日期却遥遥无期。各地的仲裁委员会都是在办理仲裁业务的过程中摸索着对本会仲裁规则进行修改，造成了全国各地的仲裁委员会没有一个统一的规范程序，甚至一个省内的仲裁委员会也没有统一的仲裁规则，直接影响到了仲裁制度的健康规范发展。

二、民商事仲裁组织机构及仲裁规则

（一）民商事仲裁组织机构

民商事仲裁机构行使仲裁的前提是双方当事人自愿达成的仲裁协议；民高事仲裁机构仅能对法定范围内的纠纷进行仲裁；民商事仲裁机构本身没有决定和采取强制措施的权力；民商事仲裁机构的裁决对于当事人具有

强制约束力。

1. 仲裁委员会

我国《仲裁法》对仲裁委员会做出了规定。

第十条 仲裁委员会可以在直辖市和省、自治区人民政府所在地的市设立，也可以根据需要在其他设区的市设立，不按行政区划层层设立。

仲裁委员会由前款规定的市的人民政府组织有关部门和商会统一组建。

设立仲裁委员会，应当经省、自治区、直辖市的司法行政部门登记。

第十一条　仲裁委员会应当具备下列条件：

（一）有自己的名称、住所和章程；

（二）有必要的财产；

（三）有该委员会的组成人员；

（四）有聘任的仲裁员。

仲裁委员会的章程应当依照本法制定。

第十二条 仲裁委员会由主任一人、副主任二至四人和委员七至十一人组成。

仲裁委员会的主任、副主任和委员由法律、经济贸易专家和有实际工作经验的人员担任。仲裁委员会的组成人员中，法律、经济贸易专家不得少于三分之二。

第十四条　仲裁委员会独立于行政机关，与行政机关没有隶属关系。仲裁委员会之间也没有隶属关系。

2. 仲裁协会

仲裁协会是指仲裁行业协会的简称，是指以仲裁机构和仲裁员为成员的自律性行业管理组织。

《仲裁法》第十五条　中国仲裁协会是社会团体法人。仲裁委员会是中国仲裁协会的会员。中国仲裁协会的章程由全国会员代表大会制定。中国仲裁协会是仲裁委员会的自律性组织，根据章程对仲裁委员会及其组成人员、仲裁员的违纪行为进行监督。中国仲裁协会依照本法和民事诉讼法的有关规定制定仲裁规则。

3. 仲裁员

世界各国立法对仲裁员的资格的规定不尽一致。个别国家对仲裁员的资格作了比较严格的规定，如中国台湾地区及韩国、意大利等，对仲裁员予以严格的规定，还规定了不得担任仲裁员的一些情形；但大多数国家则规定得较松，如德国、日本，这些国家从总体上说只要是有行为能力并且品行端正，公正无私的自然人即可担任仲裁员；还有少数国家对仲裁员的资格并未作明确的规定，像英国1996年仲裁法对受聘为仲裁员的人员并没有法定条件的限制。我国《仲裁法》是这样规定仲裁员的资格条件的。

第十三条　仲裁委员会应当从公道正派的人员中聘任仲裁员。

仲裁员应当符合下列条件之一：

（1）从事仲裁工作满八年的；

（2）从事律师工作满八年的；

（3）曾任审判员满八年的；

（4）从事法律研究、教学工作并具有高级职称的；

（5）具有法律知识、从事经济贸易等专业工作并具有高级职称或者具有同等专业水平的。

仲裁委员会按照不同专业设仲裁员名册。

（二）仲裁规则

1. 仲裁规则

仲裁规则，指规范仲裁进行的具体程序及此程序中相应的仲裁法律关系的规则。仲裁规则不同于仲裁法，它可以由仲裁机构制定，有些内容还允许当事人自行约定。因此，仲裁规则是任意性较强的行为规范。但是仲裁规则不得违反仲裁法中的强制性规定。

2. 仲裁规则制定程序

仲裁规则应依据仲裁法和民事诉讼法的有关规定加以制定。根据我国仲裁法规定，我国仲裁委员会仲裁规则的制定分为两种情况：其一，国内仲裁委员会的仲裁规则，由中国仲裁委员会统一制定，在中国仲裁协会制定仲裁规则之前，各种委员会可以按照仲裁法和民事诉讼法的有关规定仲裁暂行规则；其二，涉外仲裁委员会的仲裁规则则由中国国际商会制定。

3. 仲裁规则主要内容

仲裁规则主要包括以下内容：仲裁管辖，仲裁组织；仲裁的申请、答辩和反请求程序；仲裁庭的组成；仲裁的审理和裁决程序；仲裁委员会、仲裁庭和当事人的权利义务；仲裁语文、翻译、送达、仲裁费用等。

4. 仲裁规则的作用

首先，为当事人提供一套科学、系统、明确的仲裁程序规则，便于双方当事人在仲裁庭程序中使用和遵循，以迅速、有效地解决纠纷。

其次，为仲裁委员会和仲裁庭受理、审理和裁决当事人提交仲裁的纠纷提供使用的程序规则，使当事人之间的纠纷能够得到公正及时的解决。

三、仲裁程序

（一）仲裁程序定义

仲裁程序（arbitration procedure）是指双方当事人将所发生的争议根据仲裁协议的规定提交仲裁时应办理的各项手续。

（二）详细步骤

1. 提出仲裁申请

这是仲裁程序开始的首要手续。各国法律对申请书的规定不一致。在我国，《中国国际经济贸易仲裁委员会仲裁规定》规定：当事人一方申请仲裁时，应向该委员会提交包括下列内容的签名申请书：申诉人和被诉人的名称、地址；申诉人所依据的仲裁协议；申诉人的要求及所据的事实和证据。

申诉人向仲裁委员提交仲裁申请书时，应附具本人要求所依据的事实的证明文件，指定一名仲裁员，无需仲裁费。如果委托代理人办理仲裁事项或参与仲裁的，应提交书面委托书。

2. 组织仲裁庭

根据我国仲裁规则定，申诉人和被申诉人各自在仲裁委员会仲裁员名册中指一名仲裁员，并由仲裁委员会主席指定一名仲裁员为首仲裁员，共同组成仲裁庭审理案件；双方当事人亦可在仲裁委员名册共同指定或委托仲裁委员会主席指定一名仲裁员为独任仲裁员，成立仲裁庭，单独审理案件。

3. 审理案件

仲裁庭审理案件的形式有两种：一是不开庭审理，这种审理一般是经当事人申请，或由仲裁庭征得双方当事人同意，只依据书面文件进行审理并做出裁决；二是开庭审理，这种审理按照仲裁规则的规定，采取不公开审理，如果双立事人要求公开进行审理时，由仲裁庭做出决定。

4. 作出裁决

裁决是仲裁程序的最后一个环节。裁决作出后，审理案件的程序即告终结，因而这种裁决被称为最终裁决。根据我国仲裁规则，最终裁决外，仲裁庭认为有必要或接受当事人之提议，在仲裁过程中，可就案件的任何问题作出中间裁决或者部分裁决。中间裁决是指对审理清楚的争议所做的暂时性裁决，以利于对案件的进一步审理；部分裁决是指仲裁庭对整个争议中的一些问题已经审理清楚，而先行作出的部分终局性裁决。这种裁决是构成最终裁决的组部分。仲裁裁决必须于案件审理终结之日起 45 天内以书面形式做出，仲裁裁决除由于调解达成和解而作出的裁决书外，应说明裁决所依据的理由，并写明裁决是终局的和作出裁决书的日期地点，以及仲裁决员的署名等。

当事人对于仲裁裁决书，应依照其中所规定的时间自动履行，裁决书未规定期限的，应立即履行。一方当事人不履行的，另一方当事可以根据中国法律的规定，向中国法院申请执行，或根据有关国际公约、或中国缔结或参加的其它国际条约的规定办理。

5. 无效仲裁裁决情况

按照各国际仲裁规则的一般规定，仲裁裁决如系以下情况，当事人可在法定期限内，请求仲裁地的管辖法院撤销仲裁裁决，并宣布其为无效：在无仲裁协议的情况下作出的、或以无效（呈过期）的仲裁协议为据作出的裁决；仲裁员的行为不当或越权所作出的裁决；以伪造证据为依据所作出的裁决；或裁决的事项是属于仲裁地法律规定不得提交仲裁处理的裁决等。

四、涉外仲裁的特别规定

（一）涉外仲裁定义

涉外仲裁，是指根据当事人的约定，涉外仲裁机构依法对当事人之间的争执居中决断的制度。经中华人民共和国涉外仲裁机构裁决的，仲裁裁决书一经制定即发生法律效力。当事人不得就同一事项向人民法院起诉，也不得向其他机构提出变更仲裁裁决的请求。中国涉外仲裁机构根据双方当事人在合同中订立的仲裁条款或者事后签订的仲裁协议，依法对涉外经济争议、海事争议在事实上作出判断，在权利义务上作出裁决的法律制度。

（二）涉外仲裁的特别规定

我国《仲裁法》第六十五条——七十三条对涉外仲裁做了特别规定，具体如下。

第六十五条　涉外经济贸易、运输和海事中发生的纠纷的仲裁，适用本章规定。本章没有规定的，适用本法其他有关规定。

第六十六条　涉外仲裁委员会可以由中国国际商会组织设立。

涉外仲裁委员会由主任一人、副主任若干人和委员若干人组成。

涉外仲裁委员会的主任、副主任和委员可以由中国国际商会聘任。

第六十七条　涉外仲裁委员会可以从具有法律、经济贸易、科学技术等专门知识的外籍人士中聘任仲裁员。

第六十八条　涉外仲裁的当事人申请证据保全的，涉外仲裁委员会应当将当事人的申请提交证据所在地的中级人民法院。

第六十九条　涉外仲裁的仲裁庭可以将开庭情况记入笔录，或者作出笔录要点，笔录要点可以由当事人和其他仲裁参与人签字或者盖章。

第七十条　当事人提出证据证明涉外仲裁裁决有民事诉讼法第二百六十条第一款规定的情形之一的，经人民法院组成合议庭审查核实，裁定撤销。

第七十一条　被申请人提出证据证明涉外仲裁裁决有民事诉讼法第二百六十条第一款规定的情形之一的，经人民法院组成合议庭审查核实，裁定不予执行。

第七十二条　涉外仲裁委员会作出的发生法律效力的仲裁裁决，当事人请求执行的，如果被执行人或者其财产不在中华人民共和国领域内，应当由当事人直接向有管辖权的外国法院申请承认和执行。

第七十三条　涉外仲裁规则可以由中国国际商会依照本法和民事诉讼

法的有关规定制定。

五、律师承办企业商事诉讼业务操作指引

本节以律师办理商事诉讼业务为例，草拟本指引，主要包括五部分内容，即：庭前准备、庭审准备、出庭规范、开庭审理、庭后工作。具体内容涉及律师工作的细节，但因篇幅所限，此处只探讨具体工作内容，对律师工作细节不做指引。

（一）庭前准备

1. 事实整理

律师在接待当事人时，与当事人就案件所涉相关要点进行有针对性的沟通，初步了解当事人的真实诉求和潜在需求，在此基础上对案件进行初步分析，给予初步建议，取得当事人的信任，并在查证确认不存在利益冲突后，办理委托手续。

建立委托关系后，与当事人就所委托的案件进行全面和深入的沟通，听取和记录当事人的陈述，查阅当事人提供的材料，制作详细的工作底稿。必要时，可通过电子邮件等方式对客户的诉求和相关事实进行确认。对当事人提供的证据材料进行复印，保存复印件，并将原件交还当事人。如确需保管证据原件，则应当出具收条并列明所保管的证据原件名称和页数。

根据当事人的陈述和提供的材料，整理对案件的代理思路，就案件事实中可能存在遗漏、矛盾、有偏差、不清楚的细节问题，有针对性地制作补充问题清单及补充材料清单，让当事人书面回复；或者向当事人询问，制作会议记录，并通过电子邮件等方式取得当事人对会议记录的确认。

对当事人提供的材料进行整理、甄别、分类，一般可分为：程序性材料，包括但不限于双方当事人的诉讼主体资格、住所地或经常居住地、管辖地等；实体性材料，包括但不限于对我方有利的和不利的、对对方有利的和不利的。

对于当事人无法提供、但对案件办理至关重要的材料，律师需要调查取证。调查方式可多样化，包括但不限于持律师事务所介绍信调查、向法院申请调查令调查等。

根据搜集整理的证据材料，初步确定相关的程序性事项，包括但不限于适格的原告、被告、第三人（如有），管辖法院以及诉讼时效期间等。

根据搜集整理的证据材料及当事人的陈述，初步确定相关的实体性事项，包括本案所涉的法律事实，以及我方需证明和拟证明的待证事实。

2. 法律观点梳理

根据当事人提供的基础证据材料及陈述的背景情况，判断当前诉讼所涉及的法律关系性质，在归纳概括之后，选择案件案由，初步确定诉讼请求。

作为诉讼原告代理律师时，根据当前诉讼的法律关系和案由，结合当事人提出的诉讼目标，确定相应的请求权基础，选择并相应确定诉讼请求，包括：关于法律关系效力或履行状态的诉讼请求，如：无效、撤销、变更、解除等；根据法律规定或合同约定提出诉讼请求，如：恢复原状、继续履行、支付违约金、损害赔偿等；其他诉讼请求，如：承担连带责任，宣告失踪、死亡，确定法定监护人等。

作为诉讼被告代理律师时，建议根据法律规定、合同约定及当事人提供的其他相关证据材料，就对方当事人的请求事项逐项进行答辩 / 抗辩，并根据当前诉讼所涉及的法律关系及我方诉讼目的，考虑是否需要提出反诉请求、追加第三人等。

围绕当前诉讼涉及的法律关系、请求权基础及请求事项，结合双方当事人所呈现的证据材料，最终聚焦本案争议焦点所涉及的核心法律问题，并从以下三个方面依次进行法律观点的梳理和准备：梳理和检验法律适用方面的依据。建议通过如下顺序依次检索法律渊源和参考规定：法律、法规、规章以及最高人民法院司法解释、高级人民法院的指导性意见等；梳理和检验司法判例方面的经验。若通过法律检索，发现存在适用条件不确定、对应性不明等情况，可进一步检索最高人民法院指导性案例、公报案例，或各级人民法院关于当前诉讼同类案件的判例；梳理和检验法理分析方面的支撑。若本案核心法律问题（如：表见代理、诚实信用）所对应的法律条款的表述过于原则或简略，可进一步将学理通说、专家意见中阐述的外观特征与当前诉讼中的事实情况做对应性比对，以此作出更为充分的法律论证。

除梳理实体性的法律观点外，代理律师还要注意关于财产保全和证据保全的准备工作，注意保全申请的及时提出、保全条件的准备、保全的期限及续保等问题，并做好对当事人的提示工作。

3. 对方观点预判

代理律师可以根据委托案件案由、诉讼请求、请求权或抗辩权等实体法规范以及管辖预判对方可能引用的法律规范，根据管辖、鉴定等程序法规定预判对方可能提出的程序性请求或观点。

商事诉讼过程中，相对方可能提出管辖权异议、鉴定申请、中止审理、财产保全之执行异议等程序性请求，也可能对本方新提交的证据要求质证期等。此类程序性权利，可能会被相对方作为诉讼策略使用，这就要求代理律师在庭前做好充分的预案，并提醒当事人也就此做好心理准备。

代理律师可以根据当事人的陈述，与相对方的往来函件、庭前沟通以及法院转递的诉讼文书等来预判相对方对要件事实的观点。

诉讼发生前，争议各方可能有书面或口头的沟通，从中可以推测相对方对要件事实的观点。诉讼发生后，若本方为被告，相对方为原告，民事诉状中必定存在相对方关于要件事实的陈述；若本方为原告，相对方为被告且相对方向法院提交答辩状，从答辩状中也可以判断相对方关于要件事实的观点。

代理律师可以根据争议各方提交的证据情况来预判对方对证据的观点。

相对方向法院提交证据，应同时提交证据清单并表明证明目的，若无证据清单，代理律师也可以根据证据判断相对方的证明目的。特别注意，代理律师需要分析相对方提交相反证据和核心证据所希望达到的证明目的。

4. 案件核心争议点归纳

代理律师可以基于现有资料，提前归纳本案的争议点。归纳争议点时，应遵循以下原则和思路：代理律师应全面考察现有资料，并仔细分析潜在的争议点，力争做到无遗漏。代理律师在对争议点进行归纳时，不能指望一蹴而就，而要抱着发现和探索的心态，由浅入深，由粗到精，层层深入。案件的核心争议点通常具有两造争锋的特性，代理律师无论是对事实层面的争议点进行整理，还是对法律适用层面的争议点进行归纳，都要注意准确把握和厘定其争锋性。代理律师应重视自认和举证责任的问题，举证责任的分配能够影响案件的胜败。

代理律师归纳争议点时，可以参考以下程序和方法：基于对相对方诉辩主张的预判，围绕基础规范的构成要件，进行第一层争议点整理，形成争议点清单。根据证据整理的情况，逐一梳理案件所涉的请求权和抗辩权的要件事实，推测双方的优势证据，大致区分有争议事实和无争议事实，进行第二层争议点整理，精简争议点清单。根据证据和争议点之间的对应关系，结合案例检索、裁判观点检索等法律研究工作，推测争议各方的薄弱点，进行第三层争议点整理，锁定争议点清单。围绕事实认定是否充分、法律要件是否完备、法律观点是否正确、争点是否具体明确、分歧点是否一一对抗等标准进行检查、修正争议点清单。必要时，组织案件讨论会、模拟法庭等，通过对抗效果和反馈意见，检验争议点清单。

（二）庭审准备

1. 证据整理

（1）诉证据准备

代理律师应当在开庭前根据本方的主要诉讼主张和观点，将原告的主诉证据或者被告的应诉答辩证据进行系统整理。

（2）补充证据准备

代理律师应当在开庭前对案件的主要基础事实和争议焦点进行全面的分析和梳理，对相对方可能提出的对抗性主张和观点进行预判并据此组织相应的反驳证据和可能需要的补强证据。

（3）其他证据的整理

代理律师应结合自身的办案经验和相关案例的司法观点，对其它可能影响裁判者心证的证据进行组织和梳理，并根据案件的审理进程判断是否进一步提交补充证据。

（4）证据形式的完备

代理律师应当在开庭前完成证据形式合法性的准备，包括证据原件的核对与确认、外文证据的翻译、电子证据（包括电子邮件和网页证据）的原始载体保存与公证、境外证据的公证认证手续等。

（5）举证和举证期限

代理律师应当将整理后的证据，在法律规定的举证期限内，按照法律规定的形式和要求向法院提交,并制作证据目录,说明证据来源和证明内容。

若由于当事人的原因或其他客观原因未能在举证期限内提交证据，代理律师应尽快与法院进行沟通，并提交延长举证期限的申请。

2. 庭审方案准备

（1）争议焦点的梳理

代理律师可以在开庭前对案件所涉及的主要争议焦点（包括事实争议和法律争议）进行全面的归纳和梳理，并以此形成初步的辩论意见。

（2）法律梳理

在开庭前，代理律师可根据已归纳梳理的争议点，对所涉及的法律问题进行充分的法律检索。

在法律检索的过程中，除关注支持当事人主张的相关法律条文外，可一并关注适用该等法律条文的例外情形。同时，建议检索相关案例和裁判观点。针对某些广泛适用行业惯例的案件（如国际贸易等），可通过检索、与当事人沟通等方式了解行业相关惯例。

（3）质证意见的准备

代理律师应当在开庭前，针对相对方已经提交的证据，围绕证据的“三性”，即真实性、合法性和关联性，准备质证意见。

（4）需要发问的事实问题准备

在法庭的事实调查过程中，代理律师可针对事实争议向相对方进行提问。因此，在开庭前，建议代理律师在审阅和熟悉证据材料的基础上，对于争议较大的事实，预先拟定若干需当庭提出的问题。

（5）初步代理意见/答辩意见

建议代理律师在开庭前草拟初步的代理意见/答辩意见，作为开庭时发表辩论意见的提纲。

（6）调解方案准备

在庭审前，建议代理律师征询当事人意见，是否愿意调解。若当事人接受调解,可结合案件情况给予当事人调解建议或与当事人协商调解方案。

3. 与当事人的沟通

案件开庭一周前,建议代理律师以电话、专题会议或者电子邮件等方式,就庭审策略、案件事实梳理及证据原件核对等事宜，与当事人进行充分的沟通。更进一步，建议代理律师根据案件的具体情况，与当事人进行庭前沟通。

与当事人沟通的内容主要包括：告知庭审流程及相关注意事项；梳理证据并进一步收集新证据，完善思路；再次明确我方观点；准备对方可能在庭审中表述的代理意见及发问；核实各方不能确定的其他事实；分析与庭审有关的其他问题：包括但不限于舆论影响、因国际关系导致的政策性问题等；如果需证人出庭，需判断证人作证的效果，避免适得其反；审查确定是否申请专家证人出庭，包括审查专家证人的品行、专业素养及其出庭陈述与案件证据体系之间是否会形成冲突；审查确定是否确有必要申请专家辅助人出庭。专家辅助人，是当事人聘请的在法庭上对有关的专业问题进行进一步阐述的人员，帮助法官判断是否采信现有证据；商定在法庭碰面的时间。

对出庭当事人，还需要对其作针对性的庭审辅导，重视“当事人陈述”，对有关事实谨慎确认，以免成为法律自认。

4. 其他开庭材料准备

代理律师在开庭前应当提前准备好开庭当天需要出示给法院的律师证原件。如果在立案阶段或者提交应诉材料阶段尚未提供公函的，代理律师还需要准备好当庭提交的加盖律师事务所公章的公函。

如果当事人或者己方证人要出庭或旁听的，代理律师应事先通知当事人与证人带好身份证明原件。

（三）出庭规范

第一，代理律师出庭，应服从法院的指挥，尊重司法礼仪，遵守法庭规则和法庭秩序。

第二，出庭着装。代理律师出庭着装，应当遵守行业协会和法院的有关规定，并保持服装的洁净、平整，应表现出严肃、庄重的精神风貌。

第三，代理律师应当按时出庭参加诉讼。代理律师宜提前到庭，以便书记员查明到庭人员的身份，宣告法庭纪律。

第四，延期开庭。代理律师接到开庭通知时，如遇不可抗力、开庭日期冲突等正当理由不能按时出庭的，应立即与法院联系，书面申请延期开庭，并提供申请延期的理由或依据。

若延期开庭的申请未得到法院许可，代理律师应立即报告代理律师事务所，由律师事务所为当事人安排其他能够胜任的代理律师出庭，并通知当事人，必要时应提前征得当事人同意。

第五，庭审发言。代理律师在发言时，应以普通话表达，口齿清晰，简练明确，语速适当。回答法庭提问时，应及时果断。

庭审过程中，代理律师应在得到法庭许可后发言，应按照法庭分配的时间进行发问、质证、陈述和辩论，合理控制时间。

为达到以上效果，视案件复杂程度，代理律师应当在开庭之前准备庭审提纲、时间轴等文件，从而自如地应对法官的提问。

第六，禁止行为。代理律师不得对庭审活动进行录音、录像、拍照或使用移动通信工具等传播庭审活动，不得擅自退庭，不得发表攻击党和国家政治制度、法律制度、与案件无关或者侮辱、诽谤、威胁他人的言论，不得进行其他违反法庭规则和不服从法庭指令的行为。

（四）开庭审理

1. 庭前会议和证据交换

（1）为了提高庭审效率，归纳案件的主要争议点，法院会在正式开庭前组织当事各方进行庭前会议或证据交换

目的是为了明确原告的诉讼请求和被告的答辩意见；审查处理当事人增加、变更诉讼请求的申请和提出的反诉以及第三人提出的与本案有关的诉讼请求；根据当事人的申请决定调查收集证据，委托鉴定，要求当事人提供证据，进行勘验，进行证据保全。

（2）法院调解

对于案情简单、当事人之间容易达成调解的案件，法院会在正式开庭前组织调解。建议代理律师参照当事人的意愿，配合当事人做好谈判、调解工作，尽可能为当事人争取合法权益。

调解成功的，法院会根据当事人所达成的调解协议制作调解笔录，并在此基础上出具调解书。调解笔录经过各方当事人签收后，即具有法律效力。

当事人达成调解协议而又不需要制作调解书时，应当将此情形记入笔

录，由双方当事人、审判人员、书记员签名或者盖章后，即发生法律效力。

2. 庭审中的法庭调查

（1）当事人陈述

审判人员宣布进入法庭调查阶段后，审判人员直接就有关问题询问当事人，并要求当事人进行陈述，步骤如下：诉请陈述；答辩意见；对庭前会议及证据交换时认可的事实和证据提出不同意见；增加诉讼请求；提出反诉（被告，如有）。

（2）举证

当事人陈述完毕后，即进入法庭调查的举证阶段。对于已经提交的证据，一般需要当庭出示原件、原物等。当事人还可以在庭审时提出新的证据。代理律师在庭审举证时，应当完整地陈述证据名称和来源，并说明每一项证据的证据内容和证明事项。

（3）质证

证据经出示后，代理律师可以根据庭前拟定的质证意见，结合当庭的陈述，围绕证据“三性”发表质证意见。

（4）庭审发问

在举证、质证环节之后、法庭辩论开始之前，一般法庭会安排庭审发问环节，以进一步查明案件事实。庭审发问包括法官发问及当事人互相发问。

（5）归纳争议焦点

在举证、质证、发问等环节结束后，法庭可能会进行争议焦点的归纳，而这些焦点往往也会成为各方当事人法庭辩论的基础和依据。

3. 法庭辩论

第一，代理律师应当结合法庭归纳的案件争议点，以法庭调查查明的事实为依据，充分发表意见。发言按照法官的指示进行。

第二，法庭辩论一般为二轮，代理律师发表首轮辩论意见，应当就己方诉讼主张所依据的事实和法律作全面、完整的陈述；第二轮辩论意见则主要围绕相对方观点和主张作针对性反驳。

第三，最后陈述。代理律师可以根据法官的提示，发表针对案件的最后陈述。最后陈述应当简短、概括，只需表达对本案的意见即可。

第四，书面代理意见提交。法庭辩论结束后，代理律师应当根据法庭的要求或案件的实际情况，在庭审后尽快向法庭提交书面代理意见。

4. 签署庭审笔录

首先，代理律师应当认真、严谨阅读法庭笔录，确认书记员的记录与己方发表的主张观点是否一致，尤其是发问、质证、陈述和辩论部分。

其次，如庭审笔录有遗漏或者差错，代理律师应立即申请法庭予以补正、纠正，或者在遗漏或差错处进行补正、纠正并签名。

最后，庭审笔录每页均需在下方空白处签名，最后一页应在正文下方签名并签署日期。

（五）庭后工作

1. 向当事人报告庭审情况

当事人未到庭的，庭审结束后，代理律师应尽快通过电话、邮件等方式就庭审情况向当事人进行汇报。

代理律师可以根据庭审的实际情况，决定与当事人电话沟通的内容及详细程度。

与当事人沟通的内容主要包括：汇报庭审中的实际情况；传达法庭的相关意见和要求；了解当事人对案件的态度；与当事人协商下一步的案件工作策略和计划；告知当事人需要进一步配合的工作和行动，需补充提供的材料。

与当事人进行沟通时，应符合代理律师执业规范的要求。

对于庭审的详细情况，以及庭后需要进一步完成的工作，建议代理律师以书面庭审报告的形式向当事人提交，以便于当事人阅看和配合进一步工作，同时便于代理律师回顾庭审情况。

庭审报告可以包含以下内容：开庭时间、地点、参与人员；庭审中取得的材料的主要内容；庭审中增加或变更的诉讼请求、事实理由或答辩意见；重点证据的举证和质证意见，有重要分歧的举证和质证意见；法官庭审中的发问及双方的回答；法官归纳的争议焦点及双方主要观点；法庭调解情况；法庭要求双方进一步说明的事实情况，要求双方进一步补充的证据、程序材料和其他材料。

经过庭审，如代理律师发现己方当事人存在诉讼风险或商业风险，可以在庭审报告中增加风险提示内容，以便于当事人把握案件走向、作出合理决策，或改进、改正现有商业模式中不合理或不合法的制度或作业模式，以避免进一步的风险。

庭审报告不同于庭审笔录，应详略得当，准确提炼庭审要点，便于当事人了解庭审中的关键信息。

代理律师可以在庭审报告中适当表达对庭审情况的评述，但应尽量注意评述的理性和准确性，避免对法官及相对方的言行进行主观评价。

2. 庭后与法庭的沟通及材料补充

和法庭沟通时，可根据实际需要，选择不同的沟通方式。

和法庭沟通的内容主要包括：告知补充提交材料的内容，询问收件情况；说明补充证据的名称和证明内容；交流对法律适用的观点；告知调解/和解的进展和当事人提出的其他要求。

在案件终结前，当事人和代理人的身份情况和联系信息都有可能发生变化。当有变化发生，并影响到诉讼程序时，应主动向法庭提交相关材料。

当事人单位名称、法定代表人有变化的，应提交新的营业执照复印件、法定代表人身份证明和授权委托书；当事人送达地址有变化的，应提交新的当事人送达地址确认书；代理律师因转所等原因不适合继续担任代理人的，应撤销原授权委托，并由当事人选择并重新委托代理人。

庭审过程中，代理律师遇到法庭询问的案件相关事实细节不清楚或者不确定的情形时，可以向法庭申请庭后与当事人进行核实后提交书面回复意见。庭审结束后，代理律师应立即与当事人核实相关情形，对于法庭关心的事实情况作出书面整理，并在法庭要求的期限内回复。

庭审过后，代理律师如果认为本方的观点所依据的证据不足的，可以向法庭提交补充证据，以补强本方主张和观点的证据效力，此类证据为补强证据；代理律师如果认为对方的证据以及证据内容与事实不符或者庭上对方对于案件事实的阐述与事实不符，可以向法庭提交反驳证据。补强证据和反驳证据均属于补充证据。

提交补充证据时，应注意：首先，列出证据清单，详细列明序号、证据名称、证明内容和页码。关于证明内容，建议尽量详细，因为对于补充证据法庭可能不再专门开庭组织质证，而多采用书面质证的方式让当事各方交换意见，因此应在证据 清单中的“证明 内容”一栏详细对补充证据的相关事实和证明内容进行阐述。其次，如果补充证据涉及的事实对于案件事实的查明和案件走向较为关键，可请求法庭给予再次开庭质证的机会。

庭审过后，对方也有可能提交补充证据，对于此，法庭也同样可能不再安排开庭，而是选择将证据邮寄给另一方，要求另一方对证据进行书面质证，此时代理律师应向法庭提交对于对方补充证据的书面质证意见。

提交书面质证意见时，应注意：其一，对于对方的补充证据，应在收到后立即通知当事人，听取当事人对于证据真实性和证据来源的意见；其二，对于案件事实或可能决定案件走向的关键证据，必要时应向法庭核对补充证据原件，依据核实结果发表对其真实性的质证意见；其三，应尽量详尽地发表对证据的质证意见。

回复事实问题、提交补充证据及提交书面质证意见，都应在法庭要求的时限内提交。如果法庭并未特别说明提交的时限，建议尽快向法庭提交，一般不超过庭审后的七天。

根据案件的具体情况，有时还有必要向法庭提交与案件相关的其他资料，比如司法判例、大数据研究报告等。如果一个案件的法律适用并没有明确的法律规定而是由法官自由裁量，此时可以向法庭提交司法判例供法庭参考，争取通过其他同类或相关案件的裁判结果论证证明有利于本方的观点。如果一个案件的法律适用问题并没有定论，但司法判例足够多，且经过分析有利于本方观点，建议就该司法判例的分析结果制作一份大数据报告提交法庭，以增强本方观点的说服力。

代理律师应结合庭审情况，在庭审结束后及时向法庭提交书面代理意见。

代理意见应着重围绕争议点进行表达，表达应基于案件事实及相关法律规定，不应对事实进行编造、歪曲，或作出明显与法律规定相违背的论述。

代理意见的语言应简洁、规范，避免产生歧义。

代理律师应在法庭指定的时限内尽快向法庭提交代理意见，并通过寄送或当面提交等方式交至案件承办法官或书记员处。

等候判决时，可致电法官确认先前提交的代理意见、补充证据、书面质证意见等材料的收件情况，并可询问大致的判决时间，如果法官有时间，也可跟法官交流相关争议点的法律适用观点。

3. 调解与和解

代理人可以在庭后联系法官向相对方发出调解意向。

经法官取得相对方的联系方式，代理律师与相对方交换调解方案。

通过法庭与相对方沟通，或双方直接协商、调解、谈判等，如达成调解意见，将该意见及时回复给法庭；如确无法达成调解，也应及时回复法庭。

4. 获得裁判或调解文书后的工作

代理律师应于收到判决书、裁定书或调解书后立即注明当天日历时间，同时将判决书、裁定书或调解书内容及时告知当事人并确认其收到，征求当事人对判决书、裁定书或调解书的意见。

代理律师应及时解答当事人对判决书、裁定书或调解书的提问，可以撰写案件小结或庭审报告，视需要反馈给当事人。

代理律师应告知当事人关于上诉的规定，明确告知当事人案件的上诉期，强调当事人如考虑上诉，务必在上诉期内提出，上诉状应按法院之要求提交予一审法院或二审法院，在二审法院通知的上诉费缴纳期限内及时缴纳上诉费，否则按撤回上诉处理。

代理律师应告知当事人，如一审相对方在规定期限内上诉并缴交纳上诉费，本案也将进入二审程序，同时应向当事人征求是否愿意继续委托其代理二审程序的意见。

代理律师应告知当事人如案件双方均不上诉，或如是二审终审判决，当事人是否需申请法院强制执行或需按照判决书的要求主动履行义务。如当事人有权申请强制执行的，应向当事人说明申请强制执行的起止期限，并征求当事人关于是否委托代理律师继续代理执行阶段法律事务的意见。

如是二审终审判决，当事人是否需申请再审或检察院抗诉等，代理律师应向当事人说明法律规定的申请期限和流程，征求当事人关于是否委托代理律师继续代理相关法律事务的意见。

应当事人需求或自身工作需要，代理律师应联系法庭对判决书、裁定书或调解书的内容进行释明。

参 考 文 献

[1] [美]弗里德曼．法律制度[M]．李琼英，林欣，译．北京：中国政法大学出版社，1994.
[2] 张文显．二十世纪西方法哲学思潮研究[M]．北京：法律出版社，1996.
[3] 李艳芳主编．以案说法·经济法篇[M]．北京：中国人民大学出版社，1998.
[4] 石少侠．公司法教程[M]．北京：中国政法大学出版社，2002.
[5] 江平．新编公司法教程[M]．北京：法律出版社，2003.
[6] 钱卫清，李智慧．成功改制[M]．北京：法律出版社，2003.
[7] 余劲松．国际经济法[M]．法律出版社，2003.
[8] 任洪斌．国有企业改制解惑[M]．北京：中国财政经济出版社，2004.
[9] 左传卫．对人力资本出资的质疑[J]．财贸研究，2004（03）.
[10] 徐晓松．公司法案例教程[M]．北京：知识产权出版社，2005.
[11] 薄燕娜．股东出资形式多元化趋势下的劳务出资[J]．政法论坛，2005（01）.
[12] 赵旭东．公司法学[M]．北京：高等教育出版社，2006.
[13] 高在敏，王延川，程淑娟．商法[M]．北京：法律出版社，2006.
[14] 范健．商法[M]．北京：高等教育出版社，北京大学出版社，2007.
[15] 郑国辉．数字图书馆中著作权“有限制”默示许可使用制度研究[J]．图书馆建设，2008（06）.
[16] 朱锦余．合同风险管理与内部控制[M]．大连：大连出版社，2010.
[17] 王进．论我国国有商业银行内部激励机制的完善[J]．时代金融，2010（01）.
[18] 王琳琳．论私权及其体系化[D]．长春：吉林大学，2012.

[19] 李明德. 美国知识产权法[M]. 法律出版社，2014.
[20] 郭威. 版权默示许可制度研究[M]. 北京：中国法制出版社，2014.
[21] 林哲尧，施寅国. 房地产现金流与股价相关性的实证研究[J]. 现代经济信息，2014（17）：267.
[22] 王灿发. 论生态文明建设法律保障体系的构建[J]. 中国法学，2014（03）.
[23] 竺效. 论中国环境法基本原则的立法发展与再发展[J]. 华东政法大学学报，2014（03）.
[24] 闫文峰，王福涛. 新科技革命对我国三种专利保护客体模式的挑战[J]. 知识产权，2017（12）.
[25] 冯晓青，付继存. 实用艺术作品在著作权法上之独立性[J]. 法学研究，2018（02）.
[26] 何燕、李爱年. 生态环境损害担责之民事责任认定[J]. 河北法学，2019（01）.
[27] 杜涛，张炳南. 我国“或裁或审”条款的反思与突破——兼评《仲裁法司法解释》第7条[J]. 时代法学，2020（01）.
[28] 徐祥民. 论维护环境利益的法律机制[J]. 法制与社会发展，2020（02）.
[29] 吕忠梅、窦海阳. 以“生态恢复论”重构环境侵权救济体系[J]. 中国社会科学，2020（02）.
[30] 孔祥俊. 《民法典》与知识产权法的适用关系[J]. 知识产权，2021（01）.